DEL SUICIDIO A LA VIDA

Guillermo Rojas Quiceno

2016

DEL SUICIDIO A LA VIDA

Guillermo Rojas Quiceno

2016

Î
Colección Ideas

Fundación Naturaleza, Planeta y Vida
© Instituto Internacional del Saber Kon-traste
www.kon-traste.com; ii.saber6@gmail.com
Primera edición: octubre 2016
España-Colombia
ISBN: 978-1-326-73550-0
"Del Suicidio a la Vida"
© Guillermo Rojas Quiceno, 2016

Colección Ideas
Directora: Dra. Eugenia Trigo
Consejo editorial y científico: Dra. Magnolia Aristizábal (Colombia), Mgs. Harvey Montoya (Colombia), Dr. Guillermo Rojas (Colombia), Dra. Helena Gil da Costa (Portugal), Dr. José María Pazos (España), Dr. Sergio Toro (Chile), Dr. Ernesto Jacob Keim (Brasil), Dra. Anna Feitosa (Portugal), Dr. Jesús Aparicio (España), Dra. Teresa Ríos (Chile), Dr. José Antonio Caride (España), Dr. Galo Montenegro (Ecuador), Dra. Marta Genú (Brasil), Dr. Héctor Pose (España), Dra. Mireya Cisneros (Colombia).

î Diseño, diagramación, impresión y prensa digital: iisaber
Fotografía y diseño de portada: Renato González García. Director de Arte.

El conocimiento es un bien de la humanidad. Todos los seres humanos deben acceder al saber. Cultivarlo es responsabilidad de todos.

Se permite la copia, de uno o más artículos completos de esta obra o del conjunto de la edición, en cualquier formato, mecánico o digital, siempre y cuando no se modifique el contenido de los textos, se respete su autoría y esta nota se mantenga.

*A mis amigos,
a los oyentes
de Radio María.*

ÍNDICE

Prólogo	11
Introducción	15
El corazón grita y llora	19
Confusiones de la vida	32
Secretos ocultos del corazón	48
Tristezas y desencantos	63
Caminando hacia el corazón	79
Tolerancia a la frustración	97
Pasos al vacío	115
Fábrica de recuerdos	127
Esperanza de vida	141
La vida a partir del suicidio	159
Saliendo de la tormenta	172
Bibliografía de apoyo	181
Evaluaciones del comité editorial	183
Nota sobre el autor	186

PRÓLOGO

La lectura de "Del suicidio a la vida" nos invita a seguir "adelante en un mundo de confusiones" para llegar a ser "un ser alegre y feliz que se regocija con la vida", desde una historia real y alimentada con un sólido sustento teórico.

Un padre que siente el suicidio de su propio hijo y él mismo quiere también hacer lo mismo para mitigar su dolor y entender los porqués sin respuesta, pero, como si fuera una fuerza desde el infinito lo alienta a no dejar que se apague la llama de la vida.

No es una historia de dolor sino de vida porque, precisamente, la vida es eso una convergencia o quizá una amalgama de sentimientos, sentires "encrucijadas", sabores, miedos, fortalezas... y todo lo que el ser humano puede tener la oportunidad de vivir.

DEL SUICIDIO A LA VIDA

En esta obra el escritor de la vida, Guillermo Rojas Quiceno, nos invita a "una reflexión sobre el desencanto por vivir, que lleva a provocar el deseo de saber y comprender la vida con entusiasmo y reconstruirla como creación personal", ya que las dificultades y los momentos de dolor no son otra cosa que "trampas" para "aprisionar el corazón" y dejarnos inmersos allí privados de la felicidad y sin alientos para buscarla.

A lo largo de estas páginas, con escritura sencilla y amena, sentimos la voz del que fue sin quererlo y sin saberlo, y el que es; el que vio sin ver y el que ha logrado quitarse el velo negro de los ojos, que se nos presenta para personificar o exteriorizar lo vivido, con la generosidad de compartir sus propias experiencias y vivencias para que la vida de nosotros, sus lectores, tenga sentido y al tener sentido, la felicidad tan anhelada y tan esquiva pueda ser nuestra.

Pero lo más importante de todo esto es que nos hace reconocer que el sentido de la vida y la felicidad son obra de nosotros mismos, y que precisamente los perdemos cuando actuamos bajo las imposiciones de los demás y de las emociones más que de las razones. Cada ser humano es un mundo independiente y autónomo, capaz de tomar las decisiones para su propio bien, capaz de deshacerse de las cosas que le hacen daño ya sean que vengan de afuera o de adentro: "los golpes más duros de la vida se los da uno mismo", nos lo dice y nos lo hace entender Guillermo Rojas Quiceno.

Y toca también temas tan cruciales como la drogadicción y la degeneración de la especie humana por el vicio. Explica la falsedad del placer que siente quien ha llegado a esta tragedia, alertándonos a padres y a hijos para evitarla con la lucha y la fortaleza que dan Dios y el corazón.

Pero la vida no siempre es lo que uno lucha o intenta labrar, también trae desesperanzas y frustraciones, allí también el ser humano tiene alternativas para afrontarlas como, por ejemplo, el amor, el perdón y el olvido que permiten una limpieza de espíritu para dar espacio a la felicidad y al sentido de la vida que los odios, rencores y arrepentimientos le han arrebatado. Resalta el valor de la esperanza en las situaciones difíciles.

En fin esta obra nos lleva de la mano a entender los desencantos de la vida y encontrar los encantos que ella misma los tiene frente a nosotros para entregárnoslos generosamente. Una obra para sentir, pensar, reflexionar y actuar en busca de la felicidad.

>   Dra. Mireya Cisneros Estupiñán
>   Pereira, 15 de agosto de 2016

INTRODUCCIÓN

La inquietante condición humana parece mostrarnos un ser que trata de descubrir los secretos de su corazón, pese a las grandes confusiones y conflictos que se ciernen sobre la existencia. Pero la vida en sí misma es también una fábrica de recuerdos, donde algunos prefieren permanecer esclavos de ellos y otros optan por impregnarle esperanza.

Me he preguntado cuál o cuáles son los motivos para desencantarnos de la vida, y estoy seguro que muchos de ustedes pensarán que existen razones infinitas; no obstante, trato de que ello se debe a la negación para conocer nuestro profundo universo interior y asumir una actitud que confiera sentido a la vida.

DEL SUICIDIO A LA VIDA

Escuchar anécdotas e historias permite nuevos despertares, con el convencimiento de que optar por la vida es mejor, pues ella permanece abierta frente a nosotros, en razón a que la adversidad da origen a la grandeza y despliega un sinnúmero de posibilidades. Cada vez que actúo con amor frente a situaciones complejas, siento que es necesario tratar mejor nuestro cuerpo y hacer rupturas de paradigmas, con el fin de actuar con sensibilidad y sencillez en un mundo que a veces parece negarse a escucharnos. La vida no es insignificante ni mucho menos debe ser despreciada, si bien cada acontecimiento en ella puede constituir una oportunidad de aprendizaje y no la razón para suicidarse, física, anímica o espiritualmente.

Esos desencantos de la vida son sólo la distracción de la realidad, cuando no permiten particularizar el sentido del amor y se desestima la importancia de los choques emocionales. Se trata de conflictos que hemos magnificado en el desespero por resolverlos o actuar y son la causa principal del no querer vivir.

Este libro narra la historia vivida de un padre cuando quiso quitarse la vida y hace una interpretación sobre los hechos. Aquí habla ese hombre que no soportaba la partida de un ser querido, y que a lo largo de dos años no lograba reaccionar a la realidad. Ese hombre hoy, ya no es el mismo que durante este tiempo estuvo sujeto a su pasado, cuando él seguía adelante en un mundo de confusiones. Hoy es un ser alegre y feliz que se regocija con la vida.

El presente escrito no desconoce que la vida trae múltiples encrucijadas y complejidades, tampoco ignora que en ocasiones marchamos con una armadura de acero y vamos con los ojos vendados queriendo ocultar o negarnos a ciertas realidades.

Es cuando el miedo acecha, nos acobarda y nos roba la capacidad de amarnos y amar, lo cual lleva a chocar con la felicidad.

Si bien la vida es un milagro en todo su contexto; en ella nos cuesta diferenciar entre lo que queremos y aquello que necesitamos y con base en esto construimos nuestros sueños e ideales que son llevados a ilusiones o ambiciones para des-configurar el concepto de lo humano.

Desencantarnos de la vida es dar todo, absolutamente todo, es tomar las experiencias traumáticas que no se aceptan y convertirlas en una conducta nueva que determina nuestra relación con la Vida, para ya no actuar de modo insensible con nosotros mismos o con los otros.

Este libro cuenta la historia de ese padre que al ver a su hijo tomar la decisión de quitarse la vida, de un modo consciente y/o inconsciente, explora caminos con la intención de repetir la acción de su hijo, para finalmente descubrir, a través de dos años de angustia, el sentimiento del amor por vivir.

Ese papá que, a través de muchas preguntas, se encuentra con los encantos de la vida y, en estilo narrativo, cuenta los detalles que lo llevaron a amar la vida, reconociendo que cada uno es responsable de su propia felicidad.

Es por tanto necesario describir dos momentos en los procesos de escritura del libro. Uno el narrativo (en letra cursiva), en el cual el padre cuenta la historia de vida y los sentimientos tal cual los vivió a raíz del suicidio de su hijo; la segunda, es la interpretación realizada por mi, el autor, y basada en una estructura de experiencia e investigación, pero también soportada en el conocimiento de autores que demarcaron su tiempo al estudio de la vida.

El texto se desgrana en 10 ejes temáticos que desentrañan el acontecimiento vivido por este padre de manera integral. La separación por temas, se hizo con la intención de ofrecer, al lector, puntos de reflexión para el trascender de su propia vida.

EL CORAZÓN GRITA Y LLORA

La conmovedora historia que refiero a continuación la escuché de un padre de familia y, de inmediato, sentí la necesidad de escribirla con amor y de narrarla tal cual él la vivió. Los hechos referidos fueron transmitidos de comienzo a fin como lo relataré ahora:

Soñé un día que mi vida se había derrumbado, no existía esperanzas, la alegría fue la primera en morir y la tristeza habitaba en mi corazón, quizá fue una pesadilla, pero una pesadilla es de un rato, no de años. Me cuestioné si podría un ser humano permanecer inmerso de forma indefinida en la tristeza y mi respuesta fue: hay muchos seres humanos que se niegan a ser felices, la tristeza opaca los ojos, es aquello que en ocasiones no nos deja observar, distorsiona el sentido de la vida y solo nos deja ver aquello que queremos.

Ese sueño que me torturó por mucho tiempo, fue aquello que construí y en el cual muchos seres prefieren estar. He tratado en este horrendo sueño de inventarme, como los niños, una fórmula que me ayude a olvidar, a romper cadenas, a fabricar metas y sueños, de alegría y felicidad; quizá un frasco de esperanza, sí, unas gotas de fe y una bolsa de amor.

Ésta puede ser la fórmula para alejar aquel espanto que no quiero vivenciar, aquello que nos aleja de las realidades; sí, éste puede ser el problema en que estaba y están muchas personas, pues el dilema es vivir y afrontar realidades. No puedo olvidar que a pesar de sentir que los recuerdos nos tienen atrapados de la camisa y del cabello, debe existir una reacción amorosa, que nos permita salir del laberinto en que estamos para superar la anestesia que nos ha hurtado las fuerzas que nos impiden luchar.

Recuerdo que en este tiempo de sueño oscuro me topé con un vacío, aquel que se deja apreciar a mil metros de altura por un agujero, aquel que nos hace sentir cosquillas e impresión, que nos aterroriza y permite ver a nuestros ojos sólo la posibilidad de una caída libre. Fue así como comprendí que esos vacíos se trataban de la ausencia de Dios en mi corazón; el vacío que produce la rutina y el vacío que provocamos al sentirnos seres poderosos. Después de esos vacíos encontraba la pérdida de la alegría por vivir.

Ciertamente, da miedo despertar. Pensaba en aquel sueño, que era mejor permanecer en él, pues lograba autocompasión; despertar a la realidad requería de valentía y fuerza, y no tenía disposición para ellas. Sí, fueron dos años de sueños, dos años inmersos en el desasosiego donde mi cuerpo iba hacia delante y mi mirada atrás, y en mi mente una imagen engañosa provocada, quizá por la imaginación y la cobardía de enfrentar acontecimientos propios de la vida, o tal vez por aquellas interpretaciones erróneas que percibían mis sentidos.

Durante este tiempo se podría decir que dejé de vivir y hoy me repito con insistencia: ¿educamos a los otros y a nosotros mismos para superar temores?

Un día de esos, más difícil de lo habitual, donde las lágrimas me impedían ver -estado entonces común en mí-, recuerdo sentir un dolor profundo en mi abdomen. Éste permanecía y mi cuerpo se debilitaba. En ese estado me preguntaba cómo podía generar armonía espiritual para alcanzar la paz, pues cada vez que me miraba al espejo me sentía culpable, mis pensamientos me flagelaban a cada segundo, pues asumí cargar el mundo para apagar o pagar mis penas.

DEL SUICIDIO A LA VIDA

La vida así se convierte en una enorme pesadilla y ahora veo que quienes me aman se distanciaban o, mejor, no son ellos quienes se retiran, soy yo quien los aleja para así sentirme sólo y poder decir que me abandonaron en los momentos más difíciles de la vida, y entonces lograr sumergirme más en el dolor.

Me parece ver a mi familia y amigos afirmar "pobre Juan, cómo sufre" y yo replicar "pobre yo, cómo sufro".

Trato de entender a aquellos que en el sueño se acercaban y me hablaban, aunque realmente en esos momentos no se escucha, pero el mensaje era asumir la vida como una permanente promoción de rupturas de sentidos y significados. Mas, cómo me hubiera gustado aprender a pensar de otro modo en aquel tiempo, tal vez hubiera despertado y acaso logrado formar un camino interesante hacia la comprensión de la vida, en una intersubjetividad vista como fortaleza, para la construcción de mi vida; quizá lo humano hubiese tomado valor social, familiar y escolar.

Cuando me refiero a pensar de otra manera quiero decir la forma de aprender a pensar diferente, para así comprender que existen diversas perspectivas, múltiples modos de ver y sentir las cosas y no la mía únicamente pero debo entender, comprender y aceptar cómo piensan las demás personas.

GUILLERMO ROJAS QUICENO

Estoy seguro que lo que hoy yo estoy viendo por la ventana de la vida no es lo mismo que está viendo mamá, papá, mi hermano, mi hermana, mis hijos, mis tíos, los trabajadores, el niño, el joven y el adulto. Entonces, me cuestiono al entender esto hoy y no haberlo asumido durante esos dos años de largo sueño.

¡Oh, qué horror, qué horror, qué pena! Las emociones negativas han invadido esta oscura noche; ¿por qué no despierto?, no logro entender por qué no logro despertar, tampoco imaginé perder el sentido de la vida, pues me encuentro en un camino oscuro y pedregoso. ¿Dónde estás mamá? Mamá... ayúdame, no quiero soñar más, es horrendo, pero no me sale la voz o quizá he callado, trato de gritar y he perdido la fuerza. Nadie me despierta y el reloj no suena, ¡cuánto silencio sepulcral siento!

Parece que estoy cruzando un río peligroso y quisiera dejar caer mi cuerpo sobre el agua, no importa que sea tragado por el río, al fin y al cabo, no soy experto en natación; tal vez así calme el dolor que me atormenta. Es el río Cauca que me arrastra, quizá me lleve muchos kilómetros hasta Bolombolo, o al menos hasta Caldas. Siento que sudo de miedo, la gente grita, todos quieren ayudarme, pero por qué veo tanta gente si estoy sólo. No, todos me tienden las manos, no estoy sólo. ¿He perdido la confianza? Sí, perdí la confianza en mí, soy inseguro, presiento que por mucho tiempo dudo de mis cualidades y de la honestidad de la gente. ¡Oh Dios mío!, qué pasa, estoy viviendo un vacío inmenso, perdí mi alegría, siento que perdí mi subjetividad y que ahora soy un anónimo, sin identidad.

Todos me miran asombrados y nadie me conoce, pues me observan con extrañeza y tristeza, y siento que reflejo en mi rostro la figura de un espanto, no sé si son ellos o soy yo, pero me sigo sintiendo un raro. Tal vez, si pasa el vendedor de frutas o el señor que arregla la olla de presión o la pitadora, pueda despertarme con ese ruido. No puedo seguir más, me cansé, estoy muy agotado, este sueño parece ser realidad, deseo pensar en mí y construir una vida nueva, mas no lo logro.

Llamaré a mis hermanos, mi madre siempre nos inculcó estar unidos y seguro me auxiliarán, pero qué hago: la voz no me sale. Ya sé, subiré al edificio más alto y desde allí gritaré. Es muy alto, ahora no veo a nadie, pero es una ocasión para dar todo por terminado, aquí podrá acabar esta larga pesadilla. Mis ojos se han opacado y estoy viviendo algo muy extraño, es como si estuviera en un sueño dentro de otro sueño, pues veo a toda mi familia en un sepelio, me acercaré un poco para ver lo que sucede… ¡Ah, no puede ser!, es mi velorio, ja ja ja… ¡Qué estoy haciendo allí! Por fin me veo elegante y algo bonito; qué velorio tan frío, veo a todos enojados, hay mucha gente, unos ríen y otros lloran, ¡esto parece una obra de teatro!

Interpretación

De acuerdo con lo narrado y vivido por ese papá, considero:

Si no logramos ver la realidad con los ojos, ¿cómo podemos verla? Las personas que sufren de depresión y angustia se dejan llevar por lo superfluo, pero también por las creencias o presuposiciones; convierten sus vidas en rehenes del miedo[1] y es así como, poco a poco, dejan apagar la llama de su corazón para entrar en una dimensión sin retorno que algunos llamamos *la vida eterna*.

Es decir, apagar nuestras vidas parece ser no sólo una decisión del todo poderoso, si bien hemos convertido nuestras vidas en luchas, tristezas, fracasos, odios, rencores, envidias y, ante todo, estamos cargando con

---

1. Ver el libro *Rehenes del miedo*, editado en esta misma colección.

recuerdos nuestras vidas que limitan el placer de vivir.

Parece incomprensible que nos neguemos a aceptar los consentimientos de la vida, también parece increíble que nos neguemos a realizar cambios o hacer mudanzas desde nuestro corazón, para permanecer inmersos en el mundo que nos tocó vivir. Sufro, sí, sufro cuando alguien me dice que está pasando por un periodo de depresión o de angustia; sufro al pensar que él o ella no tengan esperanza ni fe para superarse y alcanzar la armonía del amor, pues siento que estos seres viven sin querer vivir y prefieren hundirse en el llanto de un corazón engañado.

Nos cuesta trabajo enfrentar situaciones nuevas porque le temenos al cambio, ya que nos genera desacomodo, aunque en el fondo de nuestra razón sepamos que la fuerza máxima que debemos desarrollar está en la decisión de romper con los recuerdos que nos mortifican, con el pasado oscuro, o con los acontecimientos que atormentan. Perdonar y perdonarme, para así olvidar de corazón y analizar nuestras constelaciones familiares, es un paso para superar el presente y proyectar el porvenir.

Es allí, justamente, donde debe haber una reflexión sobre el desencanto por vivir, que lleva a provocar el deseo de saber y comprender la vida con entusiasmo y reconstruirla como creación personal.

El sueño de perder la vida, de permanecer triste y aburrido, debe tener un despertar con el último aliento que nos queda, debemos traer esa *esperanza* que nos provocan los seres amados, aquellos que han permanecido en este viaje a nuestro lado, o a quienes hemos abierto las puertas del corazón e invitado a entrar en nuestro mundo. Si bien una tristeza, un desengaño o una partida, no deben ser la trampa que aprisiona el corazón.

No podemos centrar nuestro amor en la complejidad de la vida, sino en la sencillez del vivir; como lo manifiesta Víctor Frankl (2005), la vida nunca debe carecer de sentido. Yo diría que perder el sentido por vivir es reconocer "los vacíos de la vida" y, al reconocer dichos vacíos, solo nos resta el valor de encontrar soluciones para que ese horrendo sueño no sea más que eso: un sueño.

La historia narra el sacrificio de la felicidad, las debilidades del pensamiento y la ausencia del sujeto en la construcción de proyectos e ideales. Para solucionarlo es necesario ir a la fuente del problema, pero: ¿cuál problema? El problema de soñar o el problema de no despertar.

Percibo con gran facilidad que quienes viven este sueño prefieren ir acompañados del calmante, del tranquilizante y del somnífero, incluso de la droga y el alcohol como elementos evasores de la realidad e inhibidores de la toma de decisión. Lo que están viviendo parece ser un estado ideal. Al respecto, creo que no es la forma de aceptar los acontecimientos de la vida, para reconocer que somos los conductores del proceso de construcción humana; proceso donde somos capaces de mejorar la condición del vivir.

Es curioso, pero en aquellos momentos que nos distraemos de la vida (que tenemos problemas o incertidumbres), vienen las falsas percepciones y la aparente esperanza, lo cual fingen ser una estructura, mas todo pierde fundamento y surgen las dificultades para la existencia. El comportamiento de estas personas es como si se tratara de una autocrucifixión

Hay otro tipo de seres que creen que con nuestro dolor se compensa una separación, la partida de un ser querido o el dolor causado por un suceso infausto. Es raro ver el estado en que el ser humano entra al mirar el pasado y, es entonces cuando surge una pregunta al respecto, ¿cuándo seremos capaces de concluir un día y cerrar la puerta a través del olvido? O, cuándo asumiremos aquella frase de Darío Botero (2002): "la vida es fuerza organizativa de la naturaleza y es pensada a partir de los sucesos vividos y vivenciados".

Lo anterior significa que esos sucesos no son la ocasión para vivir inmersos allí, sino para fortalecer nuestro espíritu y así poder continuar el camino recorrido con mayor valentía. Se trata de una forma de vivir realmente apreciando y valorando lo mejor que nos sucede, de ser capaz de expresar y atreverse a actuar con ternura y sensibilidad, con cariño y aprecio, en tanto todos vivimos en una misma casa llamada Tierra.

Durante este largo tiempo de sueño o pesadilla vivida por este hombre y muchas otras personas, se tiene varias experiencias de vida, pero una de las más difíciles es la llegada de la noche, pues da miedo, físico horror saber que la cama espera. Es cuando los ojos se llenan de lágrimas y vigilan como el guardián de la noche que nadie aceche aquel cuarto invadido de tristeza. La oscuridad parece ser otro gran enigma que nos negamos a explorar; es allí donde se recuerda aquella canción de Roberto Carlos, *Lady Laura*, donde le cantaba a la madre diciendo: … "abrázame fuerte Lady Laura y cuéntame un cuento…"

En este momento estoy recordando a Freud y su libro *Introducción al psicoanálisis* (1971), cuando dice: "es en estos casos donde nos damos cuenta que la casa no nos pertenece". Recuerdo también a Boff (2014) cuando manifiesta: "debemos perdernos para encontrarnos". Y a Humberto Maturana (1998), cuando insiste en que la falta de sabiduría en las relaciones humanas y con el mundo natural lleva al sufrimiento. Son tres autores que nos ponen frente a realidades humanas.

Vemos entonces que se trata de la debilidad vivida frente a los sucesos y la negación a aceptar. Queremos constantemente acomodar las cosas de la vida a nuestros antojos, apetencias y placeres. Permanecemos en el tiempo tratando de modificar lo imposible, si bien hemos querido modelar la vida tal cual la soñamos y la pérdida del rumbo la convertimos en tragedia

Uno en la vida parece amarrar su propio paracaídas y empacar su única maleta, pero al enfrentar situaciones difíciles caemos en cuenta que poco o nada se conoce, que sólo nos damos cuenta de la importancia de preocuparnos por nosotros mismos, en tanto la vida nos pone frente a un gran choque o al evento insospechado de una enfermedad.

En cuanto a las virtudes, éstas se ven en un momento como disposiciones que conllevan a la plenitud de las potencialidades del ser humano. El fin es lograr esa combinación extraordinaria de sabiduría, valor y autocontrol. Se trata de tomar todas nuestras herramientas para construir un mundo mejor, a través de lo que nos sucede; es potenciar el valor para armonizar nuestras energías, lograr el autocontrol y regular las pasiones. Esto me lleva a pensar en Leonardo Boff cuando habla de la crisis como una oportunidad de crecimiento.

Estoy seguro ahora que no hay cambios sin sueños, como tampoco hay sueños sin esperanzas.

DEL SUICIDIO A LA VIDA

Quiero preguntarme si pasamos la vida inmersos en las dificultades o en los acontecimientos que nunca esperamos que nos sucedan, o si en cambio preferimos buscar los caminos que conduzcan a la felicidad. Cuando percibo que complicamos la vida y quisiéramos solucionarlo todo a golpes o gritos, olvidamos que ésta toma sentido cuánto más grande es el reto o conflicto a resolver.

CONFUSIONES DE LA VIDA

Realmente tengo una confusión, pues no sé lo que está sucediendo, pero tampoco sé lo que quiero. Ahora recuerdo algo importante que me pudo haber servido: cuando yo tenía dos años mi maestra (aquella madre amorosa) me enseñó a descubrir talentos y se preocupó cada año por mi construcción de ideales, pero ¿cuáles? En momentos de depresión, angustia y tristeza, no hay cartas del póker que sirvan, creo que estoy desorientado. Abandonaré este lugar desolado y frío.

Esta pesadilla me lleva a darme cuenta que no soy dueño de mi cuerpo y menos de los actos, pero ¿por qué estoy así? Acaso he llevado mi vida a ser un balance medido desde el dolor. Veo que esto fue lo que sucedió, ya que en momentos difíciles siempre se me inculcó evitar juicios, porque con seguridad terminaría en un acto desagradable, lo cual me llevaría a perder mi objetividad. Pero creo que es lo que me sucede, ni objetividad ni subjetividad, realmente parezco perdido. Sí, llegó entonces el momento de buscarme…

Definitivamente, este terrible sueño ha hecho que pierda lo más valioso de la vida: el amor, la actitud positiva, la esperanza y la fe, y me asalta una interrogación mayor: ¿en qué estructuré la vida en estos años?

Sí, este proceso en el que me encuentro y del cual no logro despertar es una de mis debilidades. Siempre temí dejarme derrotar, pero al estar viviendo una pesadilla: ¿para qué pensar en esto? No estoy seguro, pero debí prepararme en la vida no sólo para afrontar el éxito, debí prepararme espiritualmente para resolver situaciones difíciles.

Es raro como curioso: a través de los años consideré que era libre, cada cosa que hice me permitió ser feliz. Quisiera preguntarme ahora ¿cuál es el significado de la libertad?, o ¿acaso estoy errado en el concepto? Hoy observo, sin duda, que una cosa es lo que pensamos y otra es cómo actuamos, pues una persona que cree haber logrado la libertad no debe verse sumida en un caos como en el que me topo. ¡Oh, no!, esto no puede ser verdad: encontrarnos con miedos, angustias, tristezas, recuerdos y dejarme descompensar.

¡No, no!, debo disimular, aparentar estar sereno y tranquilo, iré a la mesa, me sentaré, pediré comida y trataré de alimentarme lo mejor posible, debo recuperar fuerzas. Pero sigo sin apetito, la comida no me pasa, todos me miran, quizá ya parezca un muerto, debo estar pálido y en mi cara debe haber un rastro de tristeza, ese rastro que delata, ¡oh Dios mío!, ¿qué hago?

¿Dónde están mis virtudes?, ¿acaso con ellas podría lograr un mejor vivir? Sí, porque tomando consciencia de aquello que puedo hacer y alcanzar podría sentir la fuerza que necesito para vivir, quizá no estaría luchando con esta pesadilla y vivir bien; quiero pensar en mis virtudes y cualidades, pero no he sido sensible conmigo en esta crisis.

Me siento débil: no tengo aliento de vivir, no he logrado comer y la crisis se hace mayor, creo que estoy empeorando mi situación, pues no sé si se trata de consciencia o inconsciencia pero debí prever lo que me ocurre. Creo que estoy llegando al límite; en otras palabras, la crisis me tiene en el borde del abismo y combinarla con debilidad es ya una situación alarmante; entonces: ¿qué ha pasado con mi esperanza?

GUILLERMO ROJAS QUICENO

No puedo desconocer que todos tenemos momentos críticos y cruciales en la vida, pero no esperaba éste. Me olvidé de mí y de mis deberes. ¡Me río de mí mismo, nunca concebí caer!, mi orgullo siempre me llevó a ser autosuficiente, fui un ser con un ego muy alto, incapaz de aceptar verme en estas circunstancias. Ya siento pena de que me miren, tal vez si hubiese sido humilde no me daría tan duro vivenciar mi estado; no es fácil sufrir y darse cuenta. Pensé que esto le pasaría a otra gente pero no a mí.

Creo que he puesto mi vida en una balanza y los resultados son nefastos. Estar viviendo esta realidad de tristeza y depresión me atormenta, y aún no estoy seguro de estar viviendo la realidad, por eso prefiero seguir pensando que se trata de una pesadilla. De acuerdo a lo que vivimos, creo que nos desestabiliza fácilmente aquello que hemos denominado "derrota" o "fracaso", también llamado "tragedia", así sea tan solo un simple desagrado. Quiero decirles que es en este momento que he perdido el deseo por vivir, que veo la vida como una contienda.

Sí, creo que estoy perdido, si éste es un sueño espero que acabe rápido, pero estoy inmerso en la realidad, ¡oh Dios, qué vergüenza!, ¿estaré mostrando mis debilidades?

Ahora comprendo un poco más: me faltó actitud para superar y lograr la alegría de vivir, para actuar con fortaleza, motivación y manejo de mi propia conducta.

Esa carga afectiva que he creado pudo ser otra de mis falencias en esta lucha por sobrevivir. ¡Ah, qué largas son las noches! Quisiera justificar lo que estoy viviendo, pero he magnificado algo que me sucedió. Muchas veces los acontecimientos de la vida los llevamos a generar dolor y a perder la voluntad de pensar. Esto es lo que me sucede, se trata de voluntad y siento que mi cuerpo ya no es un objeto unido a la consciencia. Quiero decir con esto que puedo estar viviendo una tragedia en mi vida pero no soy consciente de ello, pues son veinticuatro meses pensando en mi suceso olvidándome de vivir. Eso me ocurre a mí y a quienes niegan la afirmación de la vida.

En los momentos más críticos del desencanto por vivir, recuerdo actuar bajo las órdenes de un guión, pues se trataba de una actuación en la vida sin propósitos ni objetivos, sin libertad y sin capacidad de determinación.

Pero cómo entender la crisis si he hecho de ésta una historia de vida o he querido permanecer inmerso en ella. Mas tengan la plena seguridad que he tratado de olvidar pero me ha faltado voluntad, pues ésta se pierde fácilmente cuando no somos íntegros y más cuando nos falta carácter para actuar. Es increíble hablar de voluntad en este momento sin tenerla. Lo cual me parece aún más terrible, ya que estoy acrecentando mi problema interno.

No entiendo por qué razón perdí voluntad. De pronto mi debilidad fue objeto de aprovechamiento por la sociedad y ya no actúo bajo mi conducta: he perdido mi identidad. Bueno, ya no hay nada que perder, creo que hasta mi vida está perdida, tengo dolor y siento que actúo como un radio viejo. Por qué me insistieron tanto en mis logros académicos, bajo la premisa de ser más "grande" y "alguien en la vida", si un insuceso cambiaría mi vida en un segundo. Para qué tanta preocupación en la vida si cualquier dificultad la convertimos en algo atroz, acabamos con la razón, la voluntad y el deseo. Pareciera que nada funciona, pues el solo hecho de despreciar la vida hace que nada sea agradable.

Interpretación

De acuerdo a lo relatado por Juan, nos lleva a pensar: ¿Por qué tantas preguntas sobre el vivir?, ¿acaso los desacuerdos significan pérdida de sentido? Estoy pensando que la infelicidad es la incapacidad que tiene el ser humano de interesarse por cuanto realmente merece la pena. Esto significa que con mis ojos puestos en el inconformismo todo parece derrumbarse, pero ¿soy yo la causa del problema o es el problema el que me absorbe? Sin duda pienso que esto que llamo 'cuerpo' no me pertenece, parece que he enajenado mi felicidad; es increíble la manera en que abandonamos hasta nuestra propia forma de pensar.

Podría incluso aseverar que demarcamos nuestras vidas en cosas que deseamos y, al no lograrlas, vemos la vida como una gran tormenta; en otras palabras, anhelamos y añoramos la libertad pero nos da pánico ser libres. E incluso llegamos a tener vergüenza de nosotros mismos.

Pero ¿vergüenza de quién y por qué? Si soy yo quien debo superar cada episodio de la vida y cada acción debe satisfacerme en lo personal sólo a mí; yo no debo actuar para alegría de otros, la vida me ha enseñado a buscar la felicidad a través de mis actos y complico más cada acción pensando en satisfacer a los demás.

Se debe mantener el goce de la vida, ese goce debe ser una disposición del alma, espíritu y cuerpo; no se trata de un escudo para esperar lo peor y resolverlo, si bien se trata de un sentimiento que da valor y opciones para enfrentar, resolver y saldar cada acontecimiento sin estancarse obsesivamente en él.

La voluntad es, para mí, sin duda, el elemento más importante que un ser humano pueda poseer. Es la libertad de actuar, decidir u obrar por acción propia; es el fluir de la manifestación personal bajo el juicio propio. He considerado que muchas de las veces perdemos nuestra voluntad y actuamos bajo la acción o mando de los demás, incluso tratamos de imitarlos.

En este estado de tristeza se pierde la actitud y la disposición activa del deseo, pues en la ausencia de carácter, perdemos la creatividad, las ideas, la capacidad de elección y, sin duda, los afectos. Nos damos cuenta de la falta de carácter en el momento que dejamos de ser reflexivos, libres y nos negamos a usar la inteligencia para tomar decisiones. Es decir, preferimos que otros decidan, actúen y obren por nosotros.

Algunos intelectuales ven la voluntad como una facultad que determina el obrar conforme la representación de normas (Florián, 2008). Cuando alguien hace referencia a ésta, me imagino a un ser creativo, alguien con propósitos de superación y capacidad de decidir. En otras palabras, se trata de una persona con ideales y principios de conducta y autonomía.

En ese sentido he de aceptar que las dificultades hacen parte de la vida y que sin ellas todo se vuelve monótono.

Pero debo recordar también que esa capacidad de tomar decisiones y actuar, muchas veces es influenciada por nuestros hijos, nuestra pareja, padres o amigos y esas inspiraciones que producen nuestros ideales y principios de la conducta se transforman en los de otros.

Al perder el carácter no hay quién controle y dirija la personalidad, el conocimiento, los sentimientos y el sentido por vivir. Mas ¿qué limita la voluntad en el ser humano?: no me cabe duda que el miedo a actuar lleva a desaprovechar la imaginación, pero ante todo dejar de ser uno mismo. Podemos ver cómo en muchas culturas y relaciones el ser cesa de actuar con valores y principios por complacer ya bien a la pareja, al jefe o a los parientes. Esa complacencia hace que se pierda la personalidad, que la actuación vaya acorde a cuanto piensa el otro y se socava un gran vacío en el corazón que produce lamentaciones.

Cuando me refiero a la pérdida de carácter, quiero referirme a aquellas personas que cambian su forma de actuar bajo la dependencia de las emociones. En casos particulares, hemos confundido el amor con el hacer lo que el otro quiere que yo haga. Y cuando una persona no hace lo que el otro quiere le damos un nombre: "decepciones". Así es como los seres humanos condicionan a los otros hasta enajenarles la voluntad.

A partir de lo anterior, debo recordar a mis padres cuando insistían en la importancia de su motivación para mantener el tiempo ocupado, como también buscar el destino sin forzarlo, pero tampoco actuar por mera satisfacción; si bien debe haber un medio de contentamiento, es preciso recurrir a la voluntad como entendimiento, como motivación. Se trata de buscar voluntariamente un balance emocional y racional, y reducir las pasiones y el sometimiento. No se trata, por lo contrario, de encontrar la realidad absoluta, tampoco forzar las cosas, decía, ni ir al querer irreflexivo, como tampoco buscar objetivos por sólo capricho.

DEL SUICIDIO A LA VIDA

Cuando trato de ver lo que le sucede al hombre en este sueño, viene a mi mente los recuerdos de tantas veces que hablé de felicidad, aquélla que combina actitud, voluntad y poder. Ya insistía que esa felicidad era una sumatoria de actos: hogar, amor, éxitos, "fracasos", entusiasmo, alegría, educación, lúdica, destinadas a sentir que somos capaces de vivir y recordar realidades que nos hacen sentir bien, mas insisto: la felicidad no debe contemplar la dependencia y esto es un choque social aún por resolver. Me decía un primo respecto a la aparente felicidad que da el dinero: "por cada libra de dinero se requiere un kilo de sabiduría". Baste recordar que la dependencia a las personas termina en arrepentimientos.

En cuanto a los apegos éstos se asemejan a una atracción de imanes, especialmente si actúo como el otro espera que yo actúe; en otras palabras, llevo a que mis acciones y mi felicidad dependa de los otros, y cuando esas personas se alejan actúo o asumo lo sucedido como una decepción o una tristeza por mí mismo generada, sin responsabilizarme de la vida.

Ese estado al que me refiero ocurre cuando logramos oír la voz que viene de adentro, pues la vida parece no pertenecernos y, reafirmo, esta sociedad y la tecnología nos han convertido en rehenes del miedo y nos han privado de esos valiosos sentimientos del romanticismo como puede ser la cosmovisión de la caricia y de la ternura, en tanto savia de amor que describe Boff.

Cuando pregunto qué le sucedió a la gente en la vida para desencantarse de vivir, debo reconocer que se debe, básicamente, a vivir inmerso en el pasado y sus dificultades. Se trata, pues, de dos retrovisores que distraen la mirada, reafirmando con esto que en muchas ocasiones los sentidos del ser humano son susceptibles a la distracción, pues creemos que lo que vemos es real, lo que oímos es verdad, lo que olemos es natural y lo que saboreamos es el sabor de la tristeza o la felicidad, pero no es así.

Muchas veces interpretamos a nuestra manera y tomamos caminos y posturas de acuerdo a nuestros sentimientos. Al respecto vale traer las palabras de Hannah Arendt (1993), cuando dice que "estar aislado es lo mismo que carecer de la capacidad de actuar". Y el ser humano no sólo se aísla, también se distrae.

Esto se tipifica si se sigue pensado en lo que pasó o me pasó, y entonces doy miradas únicamente a las dificultades, y así fundamento mi vida en la tristeza y permanezco en ella y sólo quiero hablar de lo sucedido, y me pregunto: ¿será éste el camino más fácil para la vida?, ¿existirá la posibilidad de sanar el pasado? Me sigo cuestionando con la siguiente inquietud: ¿por qué perdemos tiempo para encontrar el sentido de la vida del que habla el sacerdote Efraín Castaño? Sencillo, cuando uno actúa bajo la acción de un error, la zozobra y angustia nos llevan a cometer más "errores"; luego, construyo un mundo irreal paralelo a la vida que llevo, mas la mirada queda fija en lo irreal.

Cuando las cosas de la vida aparentemente van mal y someto la vida a un balance, seguro que el resultado será negativo. Valdría la pena pensar en un momento de crisis cómo asumir la calma y la tranquilidad para romper esas cadenas con el pasado y olvidar aquello que me ha causado traumas, pero lo mejor sería esperar la calma y reflexionar para recordar que hay un día de la semana que nada se puede cambiar, pues ese día fue "ayer".

Partiendo de tal posición, podría romper esas cadenas que nos atan a lo sucedido para aprender a entender a quienes nos han tratado de hacer el mal; personas que debemos ver como nuestros "maestros", pues, pese a todo, quienes nos han dado mal ejemplo también son nuestros maestros, y, a través de la reflexión de lo que ellos hacen, aprendemos a ser sensibles y tener más fortaleza para vivir mejor, gracias a ese tipo de enseñanzas.

Otro día le pregunté a alguien: ¿eres capaz de vivir para ser feliz? Y la respuesta mecánica fue: sí. Este caso muestra que realmente no hacemos las cosas para lograr la felicidad, aunque hagamos cosas mecánicas para lograr el placer, se trata de actos inconsistentes motivados por las emociones. En verdad, queremos y creemos conocer a los demás sin conocernos a nosotros mismos, acaso por eso nos desilusionamos, nos deprimimos y culpamos a la vida que nos 'tocó' vivir.

Esos acontecimientos vividos que hemos denominado pesadillas, parece tratarse de reflexiones, a modo de miradas nuevas para ver la realidad con otra actitud y voluntad. El ser humano cree ser dueño de sus actos, pero actúa bajo emociones, ya que no tenemos voluntad para actuar con libertad y carácter. La actitud negativa produce tristeza y calificativos dañinos, cuando nos desilusionamos de la gente y de nosotros mismos, creemos que no somos aptos para vivir. ¡Oh, qué tipo de vida estamos llevando!, ¿cómo vemos las cosas que suceden? Sin duda, desde nuestros estados emocionales y creencias; si lo que estoy viviendo es tristeza, lo califico con tristeza; si tengo ira, lo veo con ira; si tengo odio, lo califico con odio.

Las cosas que no son más que temores marcan un papel en la insatisfacción de la vida, no como desencanto, sino como fenómeno que nos lleva a evaluar los actos realizados y concluir que lo hecho no es lo suficientemente agradable o interesante. De allí que se genere una infelicidad mental que pronto se convierte en enfado. En otras palabras, estamos hablando del estado de ánimo. Este estado es relativo a nuestro comportamiento y manifestaciones emocionales. ¿Cómo quiero estar?, si muchas veces la insatisfacción limita nuestros pensamientos y los modifica.

Quisiera plantear ahora que ese estado anímico en el que permanecemos cuando los problemas nos invaden, no es el de la insatisfacción, pues esa infelicidad la trasmitimos en el medio en que vivimos y laboramos. Se trata de estados emocionales donde nos volvemos irritables, temerosos, tristes y reflejamos odio, ira, envidia, desorden, disgusto, desprecio, culpabilidad, venganza o resentimiento.

En tal caos, es cuando llegamos a odiar la vida, pues vienen las decepciones del pensamiento y las desilusiones de los sentidos, como los describe Arendt (1993). Es decir, algo no nos permite ser felices y preferimos continuar inmersos en esa angustia, pareciera que no somos conscientes de lo que nos sucede y, poco a poco, nos dejamos hundir por los acontecimientos negativos.

Lo afirmo constantemente: centrar la vida sólo en logros y metas, es como conducir por caminos espinosos o riesgosos; de allí que insista en afirmar que los golpes más duros de la vida se los da uno mismo. Seguir sometiendo la vida a balances, olvidando la esencia, es una decisión tomada bajo los efectos de la desesperación, de la pérdida de encanto por vivir; es fijar miradas al sufrimiento, al arrepentimiento, a los golpes de pecho, al desasosiego. Si la vida no debe ser medida, debemos creer en nosotros mismos, ya que la alegría debe ser el esplendor que acompaña al ser para hallar la luz de la felicidad y el amor.

SECRETOS OCULTOS DEL CORAZÓN

Creo haber perdido el control de mi vida en el momento en que permití que la obsesión entrara en mi corazón, al creer que mi verdad era absoluta y tomar la vida en serio acompañada de la rutina.

Ahora veo que el diálogo era más importante que mi posición obstinada, pues debí verme inmerso en esta angustia para aceptar que el diálogo transforma al mundo y, quizá, poder aceptar con mayor sensibilidad que un ser sin esperanza se reduce a un objeto. Eso fui: un objeto, y olvidé que el existir es un diálogo eterno. Por ello, sigo preguntándome por qué los seres humanos fijamos la felicidad en un solo objetivo. A mí, al menos, fue lo que me sucedió, dado que perder el encanto por vivir tiene siempre un motivo.

Pero en este estado de zozobra no logré conscientizarme, ni siquiera encontrar una forma de hacerlo. Sentí que me faltaba el oxígeno, como si la muerte llegara, ante el desasosiego y mi cuerpo no responde, quisiera descansar ya, ¡qué agonía estoy viviendo! Comprendo que me apegué a los seres queridos, es un apego de los que crean dependencia y afecto confuso, aquello que me hizo confundir el amor con la necesidad, aquello que me ató y me mató.

Ese terrible apego me ha hecho perder la voluntad, pues ya no soy quien toma decisiones: actúo bajo la voluntad de los demás. El apego y la dependencia provocan esos misteriosos choques y cuando me preguntan: ¿qué quiere?, respondo: "lo que usted quiera". En efecto, dejé de ser quien solía o debiera ser.

Sí, eso fue lo que construí en mi vida y por eso no quiero vivir; es como tener que escoger entre lo bueno y lo malo y quedarme con lo peor. ¿Será que eso es lo que merezco?, ¿flagelarme, asumir responsabilidades, sufrir para pagar en esta tierra lo que he hecho? Es allí donde, quizá, cometí otro gran desacierto: sometí mi vida a un balance. ¡Oh Dios, qué he hecho!, me dije.

DEL SUICIDIO A LA VIDA

En medio de la angustia y la depresión, leí el libro "Crisis, oportunidad de crecimiento" de Leonardo Boff. Fue cuando logré tener, en medio de ese horrendo sueño, un poco de tranquilidad, si bien no se trató de consuelo; no, pues cada momento parecía llevarme a la reflexión. Mas pude ver otro flagelo de la vida: la culpabilidad, o mejor: asumí la vida como si todo lo que sucediera fuera planeado y tuviera un único responsable: yo. Siempre vi esos actos como si hubiese cometido una falta grave y, como decía un amigo, "todo me sale mal"; siendo ésta la posición que he tomado frente a la vida y, al asumirla así, no hay un resultado diferente que una existencia sin propósitos.

Permanecí por mucho tiempo dentro de esa vida sin objetivos. Esa enorme pesadilla me llevó a pensar en la influencia del medio en que vivimos y habitamos, en nuestra forma de ser. Cierta vez trataba de escuchar "Desiderata". Cuando el poema sugiere que nos apartemos de la gente ruidosa, recordaba a mi madre quien alertaba sobre las malas y buenas compañías.

En medio de esta terrible o aparente tormenta me preguntaba: ¿por qué no enterré los temores? Cuando hablo de ellos, me refiero a la pasión del ánimo que nos hace creer que todo es malo o peligroso. Esos temores que no me dejan actuar, pensar ni sen-

tir, son aquellos que me muestran como un ser débil e inseguro, que cada noche me hacen arrepentir de lo que hice o dejé de hacer. Se trata de aquellas fuerzas que me conducen por el camino de la tristeza y el arrepentimiento.

Y mientras pensaba en mis preocupaciones, mi pesadilla se tornaba más compleja, la tristeza me acechaba, quería que Dios me ayudara a dar por terminado este espantoso sueño a través de la muerte. Recuerdo que cada día sólo se convertía en la búsqueda de elementos para no despertar. Uno de esos días fríos, estaba en un séptimo piso desconsolado y apático ante la realidad, pues miraba con insistencia qué pasaría si tomaba la decisión de lanzarme. Aquellos instantes eran terribles, sufría por intervalos de tiempo, pude ver que cada pensamiento trataba de una frustración, sin distinguir si era la vida o la emoción; la consciencia o la percepción; la memoria o la motivación.

También observé que mi vida no avanzaba ni retrocedía, pues el encanto por la existencia ya no tenía asidero en mi actuar y el miedo se había apoderado por completo de mí. Esos miedos los clasifiqué como presente, pasado y futuro. Expectante por lo que sucedería de mi actuar, la reacción de mis seres queridos, de expresar cuanto sentía, la recriminación por mis dolencias de estar solo, de perder el control.

Pero… ¿cuál miedo si ya estaba desorientado?, además me veía incompetente, inseguro, incluso llegué a verme indeseable. Sí, se trataba de la sensación de miedo: miedo de mí mismo, miedo a pedir ayuda.

Recuerdo que visité a un psicólogo y a un psiquiatra, pero al no querer escuchar, el trabajo fue en vano, viví el miedo de expresar lo que pensaba; en otras palabras, tuve temor de enfrentar mi interioridad, pues mi corazón hablaba y yo me negaba a escuchar. En estos momentos, debo decirlo, quizá no existía una buena relación con mi interioridad y me negaba a conocerme.

Esas emociones frenaban mi capacidad de actuar hacia la búsqueda de objetivos, metas, sueños y construir proyectos. Trato de ser concreto frente a aquél actuar: se trataba de un ser vacío con conflictos internos. Fue precisamente eso lo que me derrumbó durante dos años.

También recuerdo que el dolor en mi abdomen era tan intenso que creí tener una enfermedad. Ese dolor era profundo, pero más lo era el dolor del alma. Y mi comportamiento era siempre triste. En ese momento mi pensamiento creador agonizaba, puesto que había perdido todo estímulo y deseo o interés en la vida.

Ahora es cuando más me pregunto: ¿qué me pasó?, tal vez hubiese sido mejor hacer un des-

aprendizaje para no combinar compasión y dolor. No lo sé con certeza, pero siento debilidad. Pensar en lo que me sucedió me da náuseas, escalofrío, tristezas y deseos permanentes de llorar; llegar apenas a la mitad de los años por vivir -según la esperanza de vida- y ya estar cansado, no puede ser real.

Hago una retrospectiva de mi vida y me doy cuenta que el tiempo me gobernó, no logro recordar las experiencias de mis primeros años y ni tiene sentido el aquí y el ahora, el ser o el hacer. Quizá pasé mi vida en la prisión del tiempo. Pero sí al perder la subjetividad he perdido el control del vehículo para construir realidades, ahora me encuentro en un callejón sin salida. ¡Oh no, esto no puede estar sucediéndome!, me dije de nuevo.

Debí preguntarme cuáles son los motivos para desencantarme de la vida, porque debo ser claro: no estoy ni he odiado la vida. Mas no logro comprender por qué en esta pesadilla que estoy viviendo y en este desencanto del mundo, pienso que puedo generar cambios espirituales. Sé y estoy seguro que en estos momentos tan dolorosos hay espacios donde la vida nos obliga a ser reflexivos y me permite pensar dos cosas: dar por terminada mi existencia o buscar vivir feliz.

DEL SUICIDIO A LA VIDA

Interpretación

Sigo pensando que ese miedo y el desencanto de la vida hacen que nos inmovilicemos y nos lleve a sucumbir frente al fatalismo. Cuando todo lo apreciamos como desgracia o desdicha, creemos que el destino nos ha hecho una mala pasada. Luego, sin embargo, se cae en cuenta que se trataba de una confusión entre no querer vivir y no ser capaz de actuar; fuerzas, que paradójicamente, tenían algo real.

Es increíble que una persona sea capaz de vivir en el presente pensando y resolviendo el pasado, porque el pasado es aquél que nos confunde. Pero... ¿será el pasado o será nuestra consciencia la que no nos deja vivir sanamente? En definitiva, creo que se vive confusiones de ese tipo porque uno mira al pasado creyendo haber superado lo vivido, pero estructura en su consciencia una creencia, la de haber fallado frente a alguien o algo. En tanto existe un fenómeno aún más grande: creemos ser poderosos y sabios y pensamos que con nuestra presencia hubiéramos evitado, salvado, logrado y armonizado cualquier vicisitud de la vida y entonces suceden los arrepentimientos –innecesarios además- por lo dejado de hacer.

Sin duda, son emociones que perturban constantemente. Esas emociones descritas como el estado de ánimo que genera un comportamiento o impresión de los sentidos, ideas o recuerdos, se traduce en formas de ser y actuar en el mundo.

Y son confusiones porque se trata muchas veces de una información sin fundamento. ¿Puede un acontecimiento cambiar nuestro carácter y alegría de vivir? Claro que puede darse, pues no logramos estructurar nuestro sentido de aceptación y, por lo general, queremos que las cosas se den tan sólo de acuerdo a nuestros planes.

¿Por qué no se acepta la muerte, un accidente, la materialización de una pérdida de la vida, una separación o una tragedia? Porque seguimos creyendo que nosotros no vinimos a la vida a vivir estos acontecimientos, que eso sólo le sucede a los demás, y cuando "enfrentamos" estas experiencias buscamos compasión o lástima, y encerramos nuestra existencia en un mar de lágrimas. La vida es algo difícil y también que nosotros la hacemos más difícil, cuando generamos confusiones, tristezas, derrotas, conflictos, peleas, futuro, pasado, pasiones. ¿Cuál debe ser la actitud para la vida?

Llegado el momento de perder el anhelo de vivir, se siente que algo nos hace falta en la mente, cuerpo, espíritu y el alma. ¿De qué se trata? Para Frankl (2005) la vida humana no debe carecer nunca de sentido. Pero cuando existe confusión y se trata de hacer un análisis, uno se pregunta ¿qué pasó? sé que cuesta trabajo observarse, analizarse y dar miras internas al comportamiento. Con esto quiero significar que se trata de algo subjetivo; es decir, propio de la vivencia y sentir de cada quien.

Me pregunto cómo hace la gente para ser feliz en un mundo en crisis y grandes complejidades. Cómo ser feliz ante una crisis de la vida donde nadie respeta la existencia, en donde le hemos dado valor a lo material sobre lo humano y a ponerle precio a la vida. Considero que no nos duele lo que le pasa a nuestros hermanos. Si hay hambre, enfermedad, desconsuelo, desasosiego nos duele dar un abrazo, una caricia o unas palabras alentadoras. Nos hemos olvidamos de los adultos, de la compañía o de un mejor acompañamiento a nuestros abuelos, padres y amigos. Asimismo, nuestra memoria se ha vuelto cortoplacista y no recordamos aquellos tiempos vividos, rodeados de afectos y ternura. Además de haber olvidado sacrificios y manifestaciones afectivas, cuando conformamos nuestro hogar, ponemos en segundo plano a la familia primaria.

Realmente existen motivos para estar confundido; sin embargo logro percibir en mi caminar que hay luces señalando salidas a cada situación. Pero me sigo preguntando ¿cómo se puede ser feliz en medio de tanta hambre y necesidad en las ciudades? Solo existe una manera de responder, y es ser ajeno a la problemática social. Quizá yo sea muy romántico, pero la situación que percibo me hace mirar sensiblemente a aquellos niños hambrientos y a esos padres desesperados que, por falta de oportunidad o carencia de sentido, no lograron una mejor situación social, aunque duela más ver la incapacidad de dar amor y ternura.

Tal parece que la felicidad es aparente y relativa… ¿qué quiero significar?, que si las cosas salen bien como yo quiero, seré un ser feliz sin flaquear; pero en el momento en que la montaña rusa baje, tomaré repudio hasta por mí mismo. Esto no parece ser la visión de una persona normal, si bien parece haberse presentado un problema adicional en mi mente, como es creer que todo en la vida es felicidad y aciertos, vivir como en las fábulas de ilusiones, creencias, príncipes, amores perfectos y, ante todo, no comprender que estamos viviendo un viaje y que en cualquier momento se termina.

De otro lado, trato de entender si nuestros hijos en los que pensamos a cada segundo fueron procreados como única razón para nuestro existir; es decir, ¿son ellos nuestra felicidad o hacen parte de la felicidad? Definitivamente trato de interpretar: ¡cuánto amamos a nuestros seres queridos y cuánto debemos amarnos a nosotros mismos para llenar el corazón de amor y dar porciones significativas de afecto! Al respecto, recuerdo a un amigo que me decía: "el amor en el hogar debe ser repartido proporcionalmente, así no convertiremos las acciones de los demás en nuestros desengaños", esos que nos llevan a querer morir.

Es verdad: morir es inevitable, pero es un error materializar la muerte. Cuando entregamos todo, absolutamente todo por nuestros hijos, dejamos de ser sus ángeles en la vida y pasamos a ayudar a cavar las trampas de la existencia. De allí creemos que estamos dando todo nuestro amor a ellos, pero en realidad se trata de una fracción de amor que se convierte en desamor. Esto parece indicar que un fragmento del amor nos hace adictos a esa parte de amor. Valga recordar que esa adicción es semejante a la del drogadicto o el alcohólico, pues no puede vivir sin ella.

También recuerdo una gran amiga que vivía en Suiza, y que fue abandonada por su esposo y no quiso vivir más. Para ella el amor no era sumatoria, se trataba de un solo amor… Es Humberto Maturana (2002) quien manifiesta que "el amor es la primera medicina ante cualquier enfermedad o sufrimiento". Pero muchos creen y toman ese amor como el camino a no querer vivir más.

Tenemos edades en que tomamos el vasto concepto del amor y lo particularizamos en una sola cosa o persona, y destruimos así la magia de amar y sentir, y entonces cerramos las puertas de la vida, del infinito y del firmamento. Qué triste volvemos nuestro existir haciéndolo sujeto de logros, metas, objetivos y no del disfrute primero de la vida.

Hoy quisiera insistir a todos mis amigos que lo primero que debemos mostrar y enseñar a los hijos es a ser felices, pero ¿cómo? A través de ver las cosas bajo una óptica sensible, optimista, se debe mostrar la realidad tal y cual es, para enseñar a descubrir aquello que en verdad es necesario, y con el fin de repensar lo que se quiere, ya que es fácil prescindir de muchas cosas en la vida y lograr separarse de los apegos. Para lo cual es importante que aprendamos a no preocuparnos tanto, a reconocer nuestros defectos y mejorar internamente. Mostrar que la disciplina externa proporciona caminos a la felicidad, siendo algo muy importante que como padres podamos propiciar esa felicidad anhelada.

En cuanto a las situaciones complejas tenemos una creencia por la cual la mejor forma de materializar nuestros sentimientos es el llanto, puede que sí, pero no todos los días ni siempre. Es necesario pensar esa felicidad a través de la capacidad de amar y pensar en nosotros mismos.

GUILLERMO ROJAS QUICENO

El ser humano actúa de acuerdo a lo que le sucede en un momento específico y podemos actuar diferente, dependiendo del estado emocional. En estas decisiones influye el desespero, la angustia, la ira, la rabia, el orgullo, menos la sabiduría. Es el momento de valorar la reflexión, la meditación y la calma; estos elementos son vistos con más seriedad después de una horrible tormenta, del caos frente a una situación por resolver.

Lo simpático de estas complejidades que debemos enfrentar en la vida es que cuando estamos viviendo esos horrendos sueños, parece tratarse de una condición humana, si bien involucramos a los amigos en nuestros problemas, pues queremos que ellos nos resuelvan cada dificultad, mas ¿por qué no, si para eso son los amigos?, nos decimos. Comprendo bajo esta premisa que, sin duda, en momentos tensos de nuestra existencia la paz es lo más complejo de lograr, pero los amigos precisan de respeto. Si pretendemos ir acompañados en esas etapas de la vida, pero pensando y viendo esos momentos como tragedias, olvidamos que es nuestra creación la que debe y nos obliga a cambiar el rumbo de la existencia.

DEL SUICIDIO A LA VIDA

Es así como muchas de las veces nuestro comportamiento pesimista conlleva a una vida fijada en la tristeza, el dolor, los afectos negativos y las contradicciones. Pero esas tragedias no solo están en nuestras vidas, sino que hacemos de los otros una vida similar. Es decir, una cadena de tragedias, dolor y sufrimiento, dentro de una actitud enfermiza y en un círculo vicioso.

Parece asombroso pero los choques que generamos en nuestros corazones tampoco se hacen con la plena consciencia de los desastres emocionales, de allí que a veces actuamos sin ser sujetos de lo que hacemos. Asimismo, el ser humano logra con facilidad generar un pensamiento limitado y es justo aquello que modifica nuestra forma de pensar. Esto lo digo bajo la perspectiva de preguntar ¿por qué cambiamos abruptamente del estado de alegría al de infelicidad? Acaso porque perdemos tanto la consciencia de nuestros actos que nos tornamos irritables, temerosos y resentidos. En este estado es imposible percibir y ser conscientes de las acciones y palabras con las que me comunico y llego a ofender. Dicho de otra forma, se genera un modelo de conducta social o comportamiento emocional que solo sigue patrones de tristeza; sin embargo, el sujeto parece sentirse bien así. De allí que el mejor momento para tomar decisiones sea la calma, como dice Maturana (1998), la realidad no es una experiencia, es un argumento en una explicación. Todo esto nos permite reflexionar a fondo.

TRISTEZAS Y DESENCANTOS

Hoy me siento más desolado que nunca y esto se debe a que estoy incrementando mi dolor por pensar en los demás. No sé qué pasa realmente, pero vivo generando tristezas en mi corazón y en mi mente, parece que fuera yo quien los incrementa, quizá esto resulta absurdo pero podría estar ahogando esas "penas", acaso viajando, visitando museos, hospedado en buenos hoteles, comiendo bien, pero… ¿y la sensibilización? Trato de interpretar si la vida me quiere llevar a los extremos antes de darme por rendido. Es como si se tratara de una obligación en la vida, esto de conocer situaciones más difíciles antes de morir.

Lo anterior me permite poner en la balanza mis desencantos con los desencantos de otros y entonces tratar de reflexionar. Sin embargo, sigo sin dormir, despierto a la una de la mañana y no me hallo, paso la noche pensando en lo que pudo ser, lo que pude hacer y no hice. No resisto más, quisiera dar por terminada esta historia, pero ¿cómo? ¡! Dios, ayúdame, me siento solo!!.

En este estado quisiera recurrir a algún medicamento para dormir, pero tengo la idea que éstos deprimen. Tengo una creencia según la cual los medicamentos (calmantes) nos conducen a estados de dependencia, razón por la que no soy capaz de aceptar pastillas. Sé lo que ustedes estarán pensando, el problema soy yo y sí, acaso tienen razón. Quien no quiera vivir, no quiere escuchar ni aceptar compañía. Yo hoy debería ser una persona feliz, generar un cambio total a partir de un insuceso.

Creo haber entregado todo de mí por aquel hijo, a quien le entregué mi alegría, felicidad, amor, carácter, sentimientos y emociones, y es ahora donde me pregunto entonces: ¿qué me pertenecía? Es hoy donde percibo que darlo todo es hostigar y vaciar el corazón. Esto lo digo porque al no querer vivir, el corazón está dando una respuesta a ese "vacío" que yo mismo he abierto.

¿Qué me pasó? He cavado mi propia fosa, ¿de qué ha servido el esfuerzo de mi padre y de mi amada madre? Ellos nunca dejaron de ver en mi formación que papá y mamá eran importantes, ellos querían

brindarme "lo mejor", querían que yo gozara y, sin embargo, nunca dejaron que debía enfrentar desafíos y resolver dilemas, siempre pensaron en mi futuro y ahora los decepcionaré cuando pierda de esta manera triste mi vida, ellos se preguntarán ¿qué nos faltó?

Recuerdo los momentos en los cuales me visualicé muerto: vi la cara de mamá con lágrimas en los ojos, y con la ternura que la caracterizaba me decía: "hijo, lo has tenido todo y no pudiste superar una tragedia". Realmente no quisiera dejarme ver de nadie, hoy siento vergüenza y todo porque estoy en un proceso de muerte silenciosa.

Esa ausencia de la fracción de amor es mi fijación para desencantarme de la vida. Nunca pensé volverme adicto al amor. Por alguna razón no he podido entender que hay amor de esposo, hijos, padres, hermanos, amigos, seres humanos, amor a lo divino, etc. Sí, es esto lo que estoy viviendo. ¡Oh no, esto no puede estar sucediendo!

Tal vez si yo hubiese disfrutado cada cosa y todo instante de mi vida no estaría sufriendo y lamentándome por aquello no realizado. No sé si valga la pena reflexionar ahora cuando todo está perdido, pero esta infelicidad que he generado en mi vida -lo digo porque yo soy responsable de mi felicidad- es debida a conceptos erróneos sobre el mundo, a tomar posiciones psico-rígidas, a dejar entrar en nuestra mente y cora-

DEL SUICIDIO A LA VIDA

zón el estrés, la angustia, la depresión, la ansiedad, la pérdida de interés por todo; es decir, perdemos la capacidad de diversión. Definitivamente, debí desarrollar hábitos que me alejaran de la tristeza.

En este momento de reflexión me siento más confuso. Son muchos conflictos y sentimientos, encantos y desencantos. Me parece increíble la dualidad que estoy viviendo, es como si encontrara caminos en medio del océano, pues recuerdo uno de esos días trágicos, momentos donde no hay esperanza. Fue cuando abordé el auto de un amigo, y me senté en la silla trasera; salimos a ver una obra de construcción, pero él se bajó y me pidió que lo esperara, en ese tiempo silencioso -corto, por cierto- yo sentí que algo colgaba de su silla, sentí que me rozaba la rodilla y como el carro era blindado y polarizado poco se podía observar, toqué y vi que se trataba de una pistola. Por un instante pensé que estaba dado el momento para "dar solución a todos los sentimientos". La miré, la toqué, se me vinieron muchos pensamientos a la cabeza, lloré de nuevo. Fue allí donde me di cuenta que existía consciencia en mí. Bajé, hice la visita y me fui a mi apartamento a llorar.

Debo reconocer que llorar parecía un desahogo, un vaciamiento de todas mis preocupaciones, un acto de descarga de todas mis energías, pero ahora pienso que esas ansias de llorar no me dejaron meditar ni reflexionar con calma. Consideré que tuve una segunda oportunidad para reflexionar y analicé el caso con sumo detalle. ¿Qué hubiera sucedido si hubiese cometido una locura? El hacerme la pregunta hoy no es igual a hacerla en ese momento; hoy tengo calma, en ese momento todo era pulsión.

Es así como sigo recordando aquellos vacíos que fabriqué en la vida, traigo a mi mente aquellos pasajes vividos donde me encerraba en la iglesia a orar y llorar. Al ver que no podía contener mi llanto, el dolor se expandía por todo el cuerpo, por un momento creí que podía ser sujeto de un derrame o una enfermedad cerebral, fue algo de un impacto tan profundo que recurrí donde un gran amigo y le hice la siguiente pregunta: ¿si sufro una enfermedad que me lleve a estado de inconsciencia, usted me ayuda a morir? Él me respondió con un "no" seco y frío. Le insistí hasta obtener un sí; sin embargo, no estaba seguro de la seriedad con que respondía.

Llegué a mi casa y la pregunta interna del día fue: ¿por qué tengo que involucrar a la gente en mis problemas? Hubiera querido ser consciente de aquello pero no tenía ni razón, ni no-razón, mucho menos emociones positivas.

La preocupación en ese momento no se desconoce; en mi caso se trataba de tanta angustia que llegué a imaginar que despertaría en mí una enferme-

dad. Siempre he tenido la convicción que si mi espíritu está enfermo, mi cuerpo también, y eso era lo que me sucedía. Llegué a pensar que el dolor en mi abdomen era un cáncer, o que la tristeza tormentosa generaría un derrame. Y alcancé a asustarme tanto por estas creencias que no podía controlarme por más que lo intentara; sufría un dolor intenso proporcional a la fijación por los recuerdos; es decir, una vida del presente vivida en tiempo pasado.

Interpretación

Recordaba a Erich Fromm cuando habla del *amor a la vida* (1988). Allí hace alusión al pensamiento recurrente sobre ahorrar tiempo y, cuando lo logramos, lo matamos porque no sabemos qué hacer con él. Estudiamos, aprendemos disciplinas, corremos y ponemos a correr a nuestros hijos, queremos verlos terminar la secundaria a los quince años de edad, y mucho mejor si es a los catorce, queremos contarle a los vecinos y a los primos que nuestros hijos ya son profesionales a los diez y nueve años, y ese ego nos lleva al placer y la satisfacción que al tiempo se vuelven insaciables.

Es curioso el esfuerzo que hacemos por dejar a nuestros hijos desde su primer año de edad en una pesebrera (¡perdón, en un jardín infantil!), pues solemos sentirnos orgullosos al decir que nuestros hijos están en la escuela desde el primer año de vida, generamos presiones y nos olvidamos de enseñarles lo básico de la vida que es amarla. También olvidamos de enseñarles a reconocer cualidades y virtudes. Es increíble observar como la gente se debate en la incertidumbre de la vida o la muerte, y aún así no logran conocerse.

Se trata de confusiones propias de sentir las emociones diarias. Creemos saber cuál es el norte mientras viajamos hacia el sur, se está en mitad de una desorientación que basamos en pasiones e ilusiones, si bien somos capaces de ver lo que queremos ver, el poder de nuestra mente es tan inmenso que vamos construyendo aquello que programamos. Resulta asombroso que seamos capaces de destruir nuestras vidas, la tranquilidad y la paz a través de una sola emoción, de un sentimiento único.

Hace poco una amiga, en medio del llanto, me manifestaba dos estados emocionales, uno: la comodidad del sentimiento;

dos: no alcanzar propósitos. Ella, una mujer ejemplo de ternura, era hoy un ser manejado por el alcohol y, cuando digo manejado, me refiero a que se trataba de una dama de tan solo treinta años dominada por la angustia que sólo lograba tomar decisiones cuando ingería alcohol.

Un amigo me llamó la atención, indicándome que se trataba de un error en el momento en que le dije: un alcohólico o un drogadicto no tiene ninguna diferencia con un deprimido o melancólico, ellos han adquirido otro vicio y no sé cuál es peor. Recordemos que la tristeza y la depresión son estados lamentables que se convierten en la búsqueda de compasión, acaso es la imposibilidad de encontrar el botón que armoniza nuestra alegría de vivir o la existencia en todo su contexto. Ese estado de alcohol o droga es un paso a la infelicidad, al desencanto por la vida.

Con base en lo anterior, he notado un flagelo social en un país donde algo más de dos mil personas se quitan la vida voluntariamente cada año. Se trata de un vicio donde las personas no actúan por sí mismas, hago referencia a la forma específica de aquellos seres que requieren consumir drogas o alcohol. Estas personas encuentran en las drogas una identidad diferente a la propia, pues la drogadicción es ya el camino asegurado a no desear vivir; es la apropiación de estados emocionales vulnerables y la pérdida de la personalidad. Ese camino que recorre quien requiere drogas o alucinógenos es de incertidumbre, con tendencias al engaño de los sentidos, la mentira, donde los razonamientos se convierten en disfraces con suspensión del juicio.

Recuerdo con melancolía una amistad de aquéllas que uno sabe serán de corta duración. Se trataba de un compañero de la secundaria que en su estado normal faltaba a la verdad en cada acto y encuentro. Constantemente le preguntaba por qué faltaba a la verdad, con el tiempo entendí que se trataba de un estado normal, pues la drogadicción es eso: engaño y mentiras, un caos disfrazado de placer, al poco tiempo ese amigo no resistió el "desengaño" y su vida terminó como la gran mayoría de esos actores: dormido para siempre en un andén.

En ocasiones siento miedo o, mejor, pánico, y más cuando un amigo me cuenta que su hijo o hija ha caído en el mundo de la marihuana, cocaína, heroína o sintéticos. Me cuestiono respecto a un suceso de estos ¿por qué esos seres inocentes tuvieron que caer al abismo del que se convierten prisioneros y muy pocos sobreviven? He pensado que son esas personas quienes viven intensamente cada día el desencanto de la existencia, sus vidas se tornan en confusión por la ansiedad. Para poner en contexto este sentimiento, debo traer las palabras de un ser que dio el paso de la marihuana a la cocaína: "ésta es la vida que escogí y soy feliz en ella".

Realmente la felicidad es subjetiva, pues cada quien construye la estructura de la vida de acuerdo a los deseos, sueños, metas, esperanzas y amor. En muchas ocasiones creo estar equivocado, si bien quienes consumen drogas quieren persuadirme o hacerme creer que el estado anormal es el nuestro; que la marihuana no es dañina, y cuando trato de explicar que el uso de drogas alucinógenas le hace perder la personalidad al sujeto hasta exigir dosis más altas, la discusión se convierte en una controversia sin salida.

En una visita a Ámsterdam (ciudad que permite el consumo de drogas) me acerqué al área de un parque en el cual me encontré de frente con un joven bien parecido, de unos 16 años -o al menos esos aparentaba-, bien vestido; un joven de aquellos que los padres suelen "cuidar" o al menos mantener con las necesidades satisfechas. Lógicamente, no puedo entrar en discusión si era amado o no, pues hoy ese amor parece ser algo del pasado antes que un elemento básico en la crianza de los hijos. Recordemos que las casas están ausentes de padres o podríamos decir: los hogares se tornaron disfuncionales.

Ese joven estaba totalmente pálido, recostado sobre un muro y su estado se asemejaba al de un ente más en el espacio, su mirada perdida y en la mano una especie de pipa con un líquido transparente. Miré a mi compañero Harvey, discutimos sobre el tema, lo observamos dos días.

Un drogadicto, sin duda, pierde la consciencia, la voluntad, la libertad, los objetivos y la vergüenza. Debo decirlo sin ser crítico: es el desfase del yo, y es precisamente esto lo que me preocupa, pues una de las misiones que se propone quien vivió inmerso en el desencanto por vivir es luchar para que no haya dependencia de nadie en la búsqueda de la felicidad.

El hecho de lograr un poco de reflexión sobre ese estado de no querer vivir, permite dar una mirada en medio de la angustia a aquellos drogadictos que viven en la calle, comiendo en los basureros, necesitando mayores dosis para seguir engañando a la vida. Fue esta una de las terapias que voluntaria o accidentalmente me correspondió vivir en las galerías o centros de las ciudades que visitaba, ver rostros degradados por la maldición de las drogas.

Sé que muchos de ustedes quisieran controvertir mi posición, quizá alguien podría decir con orgullo que superaron la dificultad para amar la vida, pero eso no se tipifica como una regla al comportamiento.

Existe, bajo la apreciación anterior, algo en lo que pocas veces profundizamos, se trata del sentimiento de los familiares, si bien es más intenso el deseo de no vivir de los padres y seres queridos del drogadicto que de él mismo, pues éste presume estar inmerso en el placer. Significa lo anterior que están más afectados emocionalmente quienes rodean a quien consume drogas, ya que pierden la tranquilidad y la esencia. Recordemos que el drogadicto cree, se imagina y piensa ser 'feliz'.

Alejándonos un poco de ese estado emocional tóxico que da el uso de drogas, soy reiterante en decir que la vida y la felicidad no deben ser particularizadas a una sola cosa, pero suele suceder una confusión entre un lugar sin agrado y un ser que todo lo quiere ver triste. Quien no logra serenidad en su corazón, absolutamente todo lo convierte en tragedia. Esa es la descripción de muchos seres inmersos en sus propias decepciones y esclavo del dolor.

Es necesario recordar que la mayor confusión de la experiencia se vive cuando hacemos de cada acontecimiento de la vida algo imposible de resolver, si siempre vamos al problema y creemos que a nosotros no nos tiene que estar sucediendo nada. En la insistencia a las cosas imposibles nos debilitamos y entramos en el estado de desencanto. En esos desencantos existen personas que creen que inculpar, a cada momento, como aquel martillo que golpea y golpea el clavo, soluciona las cosas. No, ese martillo provoca que el clavo se parta.

DEL SUICIDIO A LA VIDA

El ser humano debe vencer la creencia en que tenemos que pagar tanto por los actos como por los que dejamos de hacer. Debemos reconocer que no tenemos el poder para salvar a los demás. No podemos ser tan pretenciosos y orgullosos de pensar que salvamos vidas, que somos la solución a los problemas y que podemos sobrevivir por los hijos y familiares.

Si así fuera, estamos olvidando el sentido de nuestras vidas, asumiendo las labores y el vivir de los otros, pues queremos solucionarle todo a esos seres que amamos pero no nos mintamos: nuestra casa está totalmente desordenada. Yo he tratado de dar consejos a muchas personas en la toma de decisiones por el amor, por el encanto a vivir, para asumir cada episodio de vida, pero tengo algo seguro: no puedo hacer del corazón de otros el mismo estado emocional mío. Debo tener la capacidad de actuar manteniendo mi ser armonizado, mi mente clara y dispuesta para dar de lo que tengo.

Basado en esto debo referirme al sentido que estamos dando a la vida y las razones de los desencantos. Estoy completamente convencido que existe en nosotros una especie de fusible; es decir, un sistema de protección y control de nuestras emociones. Cuando el fusible revienta produce descontrol, no sabemos lo que hacemos o hicimos, perdemos la subjetividad, ya no somos nosotros, pero tampoco sabemos quiénes fuimos; se trata de un estado de desconexión donde nada nos importa.

He considerado que éste es el momento más peligroso de la condición humana, ¿por qué más peligroso? Por tratarse precisamente de un momento donde el descontrol impide el reconocimiento humano, ya que también limita la sensibilidad espiritual.

Ese fusible es el espacio y tiempo donde actuamos contra los demás y contra nosotros mismos a manera de reacción, si bien parece que la vida y la existencia pierden importancia y vemos que es "mejor" acabar con ella. En esa eterna milésima de segundo es que se cambia el rumbo de nuestras vidas. Pero veamos algo importante de ese pequeño pero infinito periodo de tiempo: ¿fue en ese momento donde se originó el acto? No, son muchas las causas para llegar a este punto; es decir, tiempo y emociones, los seres humanos no se desencantan de la vida a causa de un solo acto; se trata de la sumatoria de diferentes sucesos y acontecimientos.

La vida no pierde sentido únicamente por el debilitamiento de algo en particular. Existe, sin duda, un detonante en cualquier decisión, que nos lleva a hacer locuras con nuestras vidas, algo que nos ciega, nos frustra y provoca actos indeseados. Es como una respuesta de frustración de hacer algo, pero se trata de un sobresalto de la emoción. Entendiendo ese sobresalto como ausencia de lograr algo. De allí que en estados emocionales alterados no sea recomendable tomar decisiones.

Ahora quisiera irme al otro extremo, a aquél lugar donde la persona ya nada puede hacer; es decir, el sujeto que ha perdido la vida. Les parecerá ilógico lo que plantearé. Si pudiera -quien ha perdido la vida- reflexionar inmediatamente después de perderla ¿qué pensaría respecto a la vida? Seguro que cada uno tiene su punto de vista, pero en ese momento podrían llegar arrepentimientos sobre nuestra rigidez y lo duro que hemos sido respecto a la vida y el de merecer la felicidad. El cuestionamiento de por qué lo hice, todo tiene solución, debí esperar, no estaba solo, ahora qué será de mi familia, son algunas respuestas.

He pensado que esos actos rápidos en contra de la vida producen una desconfiguración de la consciencia, como la ausencia repentina de estados racionales. Comprendo que el existir es discutible, pero el ser debería buscar ante cualquier cosa momentos de felicidad y plenitud.

CAMINANDO HACIA EL CORAZÓN

Recuerdo que traté de distraerme y opté por salir de viaje. No sé si fue el momento adecuado pero de algo estoy seguro: mis actos eran como si estuviese levitando, pues veía cosas y paisajes aunque de forma borrosa.

Un día, frente a las cataratas del Niágara, tuve un enorme choque emocional, no lograba sanar el pasado y la culpabilidad me vino a la mente: miré lleno de miedo y mientras recorría la escala donde opera el ascensor me detuve y esperé que mis compañeros continuaran subiendo, miré al río y me visualicé cayendo al vacío, sentí que mis ojos no contenían las lágrimas, lloré y lloré hasta el momento en que al-

quien regresó a buscarme y me preguntó, ¿qué le sucede?, le respondí: "nunca imaginé ver tanta belleza". Traté de escuchar una voz que venía de mi interior, un delicado consejo que trataba de calmarme, pero seguía a través de mis actos provocando insatisfacción, infelicidad y enfado.

Cuando me vuelco sobre aquel tiempo para reflexionar me parece ver por doquier a mi madre reflejando tristeza y preocupación por mí. Es particular, pero a donde llegaba parecía instalarme con una varita mágica que transmitía tristeza a todo el mundo; sentía que cuando salía de estos lugares todos suspiraban: ¡gracias a Dios se fue! Comentaba por estos días, es tan poco lo que uno se conoce que ni siquiera es capaz de controlar sus emociones y menos aún de estabilizar las debilidades internas, pues no aprendimos a escuchar las voces de nuestro corazón.

Recordaba que suplicaba al todo poderoso -debo reconocer que soy católico creyente- y esta súplica iba dirigida a que me quitara la vida. Yo gritaba y lloraba por las calles, no tenía aliento aquel día pero sabía que a las diez de la noche -en la zona de mercado de una ciudad intermedia- no faltaría quien se atreviera a ponerme un cuchillo en la garganta.

Caminé despacio, lloraba con fuerza, seguramente no faltó quien pensó que estaba drogado, borracho o loco; llegadas las once de la noche cruzó una camioneta de una Institución del Estado, a bordo iba el subdirector, un funcionario que velaba por la seguridad de los ciudadanos. Al mirarme me llamó y me dijo: "qué haces por acá". Le respondí: doctor, no quiero vivir, no soy capaz, me duele el alma, el corazón y todo el cuerpo. Él me insistió hasta sacarme de allí. Se trató de un ángel que apareció para ayudarme, aún no sé qué pensaría al verme, no sé si comprendió mi situación, pero de algo estoy seguro: nadie podrá entender la profundidad de mi dolor y menos de un ser prisionero del miedo.

Debo decirles que al momento de sentir el desencanto, la tristeza y las lágrimas, traté de hacer un recorrido de mi existencia y lo único que pude interpretar es que necesitaba la caja de herramientas de la vida; la encontré, pero estaba totalmente vacía. Miré a mis maestros, miré a mis amigos, miré a la sociedad, miré a lo mundano y vi una sola cosa: que todo estaba perdido, no encontré lo que esperaba y reí tristemente por esta ironía.

Siempre pensé que la industria de la escuela potenciaría el factor humano y la sensibilidad del amor a la vida, pero en la crisis sentí que de nada había servido a mi desarrollo profesional el amor a la vida. Recuerdo haber sido un gran trabajador, pues fui un robot incapaz de conocerme, de quererme y admirarme, era un servil que trataba de imitar a mis jefes a través de mis actos.

El principio rector de mi vida no lo descubrí, seguramente la angustia opacó mis ojos y no dejó ver los caminos de la felicidad. Entonces me pregunté ¿Cómo es posible obviar el principio rector de la vida? Es esto lo que deberíamos descubrir o encontrar. Quizás si hubiese sabido más de mí, si me hubiese conocido, mi vida hubiera tenido sentido, ya que no alcancé a preguntarme sobre los motivos de mis deseos, ni acerca del sentimiento de la dignidad humana.

Otro día me fui a descansar a la finca de un primo. Allí consideraba que podría dormir plácidamente, incluso planeaba dormir por dos días seguidos; ya que percibí un ambiente propicio para mis fines, si bien estaba seguro que allí olvidaría el desorden interior de mi vida, y el gran caos espiritual calmaría a esa loca llamada 'mente'.

Me dispuse a mis planes, pero algo muy raro pasó por mi mente: vi un gran árbol de eucalipto en la esquina de una pendiente, sentí como si el árbol me hablara, me acerqué a él y sentí un fuerte escalofrío en mi cuerpo, me vi ahorcado pendiendo del brazo del árbol. Corrí a mi habitación y entré en llanto, me preguntaba por qué me sucedía todo eso.

Hoy caigo en cuenta que el problema viene de mí, sale de adentro de mi corazón y basado en esto vivimos la vida tal cual la elegimos. Me pregunté entonces: ¿cuál estado es peor, el del drogadicto o el mío, a causa de mi depresión? Nunca pensé resolver tal pregunta en mi estado de angustia, tuvieron que pasar dos años para entender que los dos estados, bajo la emoción, potencian el deseo de morir.

Si bien mi vida continuaba, yo seguía dentro de ese horroroso sueño, pues trataba de trabajar pero sentía que lo hacía como un autómata, siempre estaba irritable, no consentía que me dijeran nada y menos tocar el tema. Aquello que era causa de mi estado emocional, la fuerza oscura que me mantenía dominado.

Cierto día viajaba en avión con un buen amigo. Él consideró que generando un choque en mí cambiaría de actitud por siempre; fue así como tocó el tema: "usted es el único responsable de lo sucedido", me espetó, y comenzó a recordar sucesos del pasado. Le respondí diciendo: he asumido mi responsabilidad, ya me perdoné, pues pedí perdón y ahora busco sanar mi corazón y entrar al proceso del olvido. Mi amigo insistió: los seres humanos debemos cargar con las culpas, si usted hubiese actuado tierno en la vida, se hubiese podido evitar la tragedia. Yo temía perder el control en ese momento y fue precisamente lo que me sucedió dentro del avión, no pude contenerme, le grité, lo traté mal y no quise volver a hablarle durante el viaje.

Volví a sentir el máximo desencanto por vivir, ya que no quería ver el mundo, anhelaba cerrar mis ojos para siempre, pues en ese choque emocional se trató de encontrar un culpable, de sentirme culpable y tener que pagar por ello, entonces quise lanzarme del avión. Me pregunté: ¿cómo llevar en la vida un dolor de esta magnitud? Y me dije: de seguir soportando este dolor prefiero morir. Ahora me pregunto de nuevo: ¿por qué tenemos que llevar dolores? Existe una razón para cargar con dolores y es que nos neguemos una oportunidad para olvidar, de vivir el proceso de perdonar-perdonarme.

Retomando el insuceso del avión, cuando bajé evidentemente estaba descompensado. Nuevamente supliqué por ver terminada mi existencia, me negaba a la reflexión y la emoción me dominaba. Pasé por momentos de incertidumbre, era una situación que me superaba y no tenía el carácter suficiente para tomar control de mi ser, la rabia hacía de mí un ser desagradable.

Interpretación

En el camino recorrido hacia conocer el corazón tratamos de evitar dificultades y luchas. Cuando algunos ven el existir como una gran tragedia materializan la pérdida de la vida, no por odio a ella sino por angustia, es cuando se vive en un estado de confusión, desespero que no deja recorrer el camino al propio corazón; es decir, al no conocernos tampoco sabemos cómo actuar, ya que desconocemos virtudes, cualidades, principios, valores y propósitos para una vida mejor y entramos en una pérdida de subjetividad.

También existen casos particulares donde por alguna circunstancia médica sobreviene un desfase de los estados emocionales. Son estos los asuntos que no logramos mirar por ausencia de reflexión. Pero de algo podemos estar seguros y es la necesidad de dedicar más tiempo a descubrir lo que poseemos dentro.

El sentido de la espiritualidad despierta la responsabilidad de aceptar la vida sin desfallecer, de afrontar con capacidad las cosas difíciles, en un mundo que cada vez es más insensato, más individualista y, dolorosamente, más inhumano.

Cuando existe angustia de no querer vivir, lo que debe asumirse es el crecimiento personal como seres sensibles, y tratar de hacerlo a través de las virtudes de la humanidad; virtudes que todos tenemos por desarrollar. Se trata, pues, de la manera de afrontar la adversidad extrayendo valores de ella. ¿Qué significa esto? La adversidad no debe ser interpretada como algo malo, se debe dar una lectura desde el significado "¿para qué me sucede?". Al asumir las complejidades de la vida podemos desarrollar nuestra capacidad para aceptar y hacer más tranquila la vida propia.

¿Quién dijo que sólo logrando las metas podemos evaluar nuestros éxitos? Muchas veces he creído que damos valor a las cosas sin ser expertos en el tema, eso significa que cuando no obtenemos aquello que queremos, damos valores cualitativos negativos a los esfuerzos, así surge la idea del fracaso, la decepción, la angustia, la frustración. Si no tenemos compasión con nosotros mismos, creemos que nos forjamos en la perfección, pues pensamos que nuestra experiencia es únicamente para hacer todo siempre a satisfacción de nuestras apetencias y placeres y que nada debe ni puede fallar.

El ser humano debe darse la oportunidad de ser como aquel árbol cuyas raíces crecen para sostenerse ante cualquier dificultad. Es cada episodio de la vida que afrontamos el que nos permite ser más fuertes. ¿Qué buscamos al afrontar los retos cotidianos? Un verdadero equilibrio de las energías. Cuando hablo del equilibrio me refiero a balancear la tristeza con la alegría; la ira con la calma; el odio con el amor; desesperación con esperanza; la duda con la fe. Todo esto nos enseña que soy yo quien debe comprender, quien debe amar, quien debo consolar y perdonar.

Una vez entendamos aquellas cosas, que muchas de las veces son observadas con el ego y no con la espiritualidad, nos daremos cuenta que vamos desarrollando la capacidad de resolver cualquier acontecimiento y los problemas no serán causa de desagrado sino de estímulo de nuevos retos. Lo digo con frecuencia: ese ser evolucionado no necesariamente debe ser extraordinario, máxime cuando se trata de seres comunes con unas capacidades inimaginables, pues se adaptan a las dificultades y no sufren el dolor de algo pasajero, o de algo con lo que no podemos continuar una vida feliz.

Cuando pienso en el desencanto por la vida y la negación a vivir, inmediatamente veo la necesidad de prepararnos para resistir, adaptarnos y fortalecernos. ¿Qué significa esto? Sabemos que son infinitas las veces que tendremos que afrontar cosas indeseadas de las que no podemos huir. Entonces viene la virtud y la oportunidad en cada pasaje de la vida de adaptarnos, observar, preguntar y resolver. La debilidad, sabemos, es entregarnos sin siquiera intentarlo, se trata del debilitamiento de los estados emocionales que llevan a nuestro cuerpo, alma y espíritu a naufragar en las profundidades del océano.

De otro lado, el ser que se conoce controla sus emociones a través del fortalecimiento humano. Fortalecerse es encontrar emociones y estados emocionales que estimulen la alegría por ser–hacer en el mundo; es un autocontrol manejado desde el corazón y la mente; es hallar el significado de cada persona en el amor y la felicidad que conduce a una vida digna y alegre.

Todo esto logra incrementar el sentido de la autoestima, a tener pensamientos positivos de uno mismo, agrado por el comportamiento personal y constantes miradas hacia uno para ser mejor cada día. El reto es incrementar el aprecio por lo que somos y hacemos en el camino de encontrar el amor propio, la confianza en lo que hacemos.

Otro factor que puede faltar es el hecho de afrontar las cosas como conducta, ese que a veces queremos aplazar y evadir, aquella fuerza que proporciona equilibrio emocional. Pero en situaciones relevantes de la vida debemos tratar o, al menos, intentar actuar con consciencia, pues se necesita tener conocimiento de uno mismo, de los actos y reflexiones. Muchas de las veces actuamos creyendo que es la forma acertada y cuando erramos decimos "pero yo estaba seguro de lo que hacía".

Esa consciencia que acompaña nuestros actos debe ser reflexiva y realizada con esperanza y virtud para mantener una actitud positiva; esa forma de ser que fortalece los sueños o aquello que nos proponemos. Para ello es necesario hacer ruptura de la normalidad y las rutinas, romper con la pasividad y la comodidad. El ser humano sin esperanza pierde el sentido por vivir, disfrutar y explorar el mundo. Ese sueño aumenta el valor por vivir, despierta anhelos que proveen de energía, confianza, expectativas positivas. Es la fuerza al renacer y el resurgimiento en un mundo que clama por cambios del comportamiento humano, también es un proveedor de alegría para esos momentos donde escasea la felicidad.

He tratado de comprender la vida basada en la falta de esperanza y en un contexto social, pero me cuesta trabajo comprender algunos fenómenos: el primero es cómo somos capaces de dejar de soñar; el segundo cómo se logra vivir en estados con ausencia de propósitos. Logro respuestas implícitas en complejidades, pero hay un fenómeno más común que nos devora, se trata del miedo a actuar.

Parece como si lleváramos la vida por un camino oscuro y lleno de obstáculos; ese miedo nos hace dar un paso adelante y dos atrás. Al respecto, trato de comprender por qué nos da miedo ser felices; acaso se trata de un miedo a sentirnos bien. ¿Qué puede ser lo que está sucediendo en aquéllos melancólicos y tristes días? ¿Cómo no vivir desencantos si el miedo invade nuestras emociones y creemos que todo va a fallar? Respecto a este comportamiento existe una manifestación muy común en Japón (Hikikomori) donde los jóvenes se aíslan años enteros, incluso reciben sus alimentos en la puerta de la habitación.

La pregunta que debemos hacernos es: ¿miedo a la vida, miedo a la sociedad, miedo a la familia, miedo a ser feliz? O, ¿será que ellos creen que ese es un estado de felicidad?

Los seres humanos tratan de ser felices, algunos la llevan consigo o la generan dentro del corazón; en cambio, otros requieren de algo exterior para vencer el miedo a ser felices; también hay quienes necesitan drogas u otros estimulantes como el alcohol y la gran mayoría claman por una caricia, un abrazo, o un gesto de ternura ante un mundo sordo y ciego; un mundo que ha cambiado sus costumbres comunitarias por un universo individual y cerrado a las apetencias voraces que brinda el ego y el sistema capitalista. Esto es lo que nos niega la posibilidad de la afectividad, pues ego y miedo constituyen una bomba con su mezcla destructora que nos lleva a un refugio distante de la realidad del mundo.

Es raro, pero las crisis son importantes desde el punto de vista de la reflexión y la oportunidad de pensar y de actuar. Esas crisis no resultan cómodas para permanecer inmersos en ellas sino para el resurgimiento emocional. Para ello, es necesario vencer el miedo a arriesgar, si bien cada acto debe llevar sagacidad y no dejarse poseer de ese fenómeno tormentoso que paraliza.

Preso de ese horrendo desespero y desencanto por vivir se debe mirar un tema relacionado con la vida, también vinculado al miedo: ¿por qué los padres temen ser amigos de sus hijos? Entendiendo el término *amigo* como una relación respetuosa, de cercanía. En una conversación con alguien cercano a un amigo que perdió la vida, le pregunté si él había notado algo raro en el amigo en común, a lo cual me respondió: "claro, yo sabía lo que sucedía". Le pregunté si en alguna ocasión le comentó al papá del amigo y me respondió que no lo había hecho por respeto y susto. Sencillamente la pregunta que me hago obedece solo a una apreciación: ¿sabemos o conocemos los estados emocionales de los hijos, esposa o esposo?, ¿nos estamos dando cuenta de los miedos y desencantos de la vida de nuestros padres?

Es curioso pero la existencia nos muestra cantidad de padres que temen hablar con sus hijos; si bien encontramos hijos en estados de depresión y con deseos de un abrazo, una manifestación de cariño y una respuesta a un grito en el desierto. Ante esto, la amistad debe ser una relación cariñosa, vista como apoyo sincero, de quien sepa escuchar y dar consejos sin desvirtuar el respeto ni la autonomía.

De otro lado, el miedo a proponernos metas parece un obstáculo interpuesto por nosotros mismos en la búsqueda de logros y agrados; sin embargo, es importante -como en todo- alejarnos de las fijaciones pues en muchos de los casos las metas que trazamos son distractores de la felicidad y objetivos que pueden convertirse en otro duro golpe que uno mismo se da.

Por ello, los cambios que podemos generar en nuestros actos deben idealizar un Buen Vivir y no debemos temerles, pues se trata de reflexión y acción. Esos cambios tan necesarios deben ser producto de las fuerzas internas provocadas para romper apegos y dependencias, vencer rutinas y explorar nuevos caminos de la pasión que provee la vida.

¿Debemos tener la mirada solo en el éxito? ¡Por supuesto que no!, la vida es diferente cuando aprendemos a ver los resultados desde diversas perspectivas. He escuchado esta frase millones de veces: "siquiera no se me dieron las cosas". Cuando me refiero a valorar la acción de no haberse logrado, quiero decir que eso era lo que yo quería, pero lo que viene puede ser mejor.

En otras palabras, mientras las personas no comprendan que existe temor a ser juzgado o señalado y que éste es a lo que menos importancia debemos dar para ser nosotros mismos, seguiremos perdidos con la mirada fija en las apariencias. No lloro en la calle porque la gente me mira y me juzga, no canto en el parque porque dirán que estoy loco, no abrazo a alguien en el bus porque pensarán que perdí el sentido sexual o estoy siendo infiel. Estoy dejando de ser yo para entregarme a una vida de apariencia.

En cuanto a los miedos al pasado o a los recuerdos, la falla es no afrontarlos ni cortar con las cadenas del pasado. Resulta particular, pero traer un recuerdo triste provoca desbalance emocional la mayoría de las veces, pero el ser humano parece amplificar el dolor.

En este momento recuerdo que en las décadas de los años cincuenta y sesenta del siglo pasado, los abuelos y papás decían que era necesario mantener bien ocupados a los jóvenes, pues todo se relacionaba con distraerlos del pasado y de los malos pensamientos. Las cargas emocionales no deben hacer parte de un Buen Vivir, ya que se trata de acciones tormentosas para destruir los encantos de la vida.

Pero ¿qué es lo que nos ocasiona miedo a vivir? Yo pensaría que le tememos a las dificultades, a lo "malo" que sucede, al futuro, a las oportunidades o ausencia de ellas, a las incertidumbres, el desasosiego, la soledad, la salud, pero más se siente el miedo al ver pasar los días sin propósitos. Esto tiene una relación con la confianza, pues damos crédito a palabras necias, creencias y valoraciones negativas y aceptamos esas miradas para perder el rumbo de nuestros anhelos. Asimismo, hay más factores que llevan al temor de vivir, como es el susto al afecto o incapacidad de afrontarse, a merecer la felicidad; la muerte, la enfermedad, a la realidad; o a fracasar y a comenzar de nuevo; a ser diferente, a la desilusión, pero el mayor de todos los miedos es a saber quiénes somos.

Todos estos son los que nos acorralan en algunos momentos, si bien son la creación de nosotros para asustarnos y persuadirnos de actuar, tratándose de anteposiciones de la mente para estar en conflicto con las emociones. Preguntarse por ¿a quién le hago caso?, conduce a confiar en los actos para cotejar cada decisión.

No me puedo imaginar si cada uno tomara su coche y materializara esos tormentosos pensamientos en medio de una emoción transitoria, de seguro que todos nos lanzaríamos al vacío o al mar, o si tomáramos una soga y diéramos fin a nuestras vidas nada cambiaría en nuestro medio, solo se empeoran las situaciones problemáticas. Es como si nos apartáramos de la realidad para sentirnos cómodos.

La ayuda en los momentos de confusión puede ser la manera de darnos cuenta de lo que sucede en nuestras vidas, o la forma de hacer reflexionar a alguien que da trascendencia a lo insignificante, pues hay seres que quieren magnificar cada suceso vivido y mantenerlo en su mente inalterado.

GUILLERMO ROJAS QUICENO

TOLERANCIA A LA FRUSTRACIÓN

Al respecto debo contarle que fue mi máxima debilidad en esa pesadilla que viví durante dos años, pues no dormía, no descansaba, tampoco me divertía, ni controlaba la tristeza; en fin, no me hallaba.

Recuerdo con un poco de ansiedad que mi actitud de miedo me negaba el derecho a la ternura como lo narra Luis Carlos Restrepo. Me sentía incapaz de saludar por el rechazo y todos me veían como prepotente, yo provocaba mi rechazo, no compartía, no reía ni disfrutaba. Se trató de mi aislamiento del mundo social.

Sí, definitivamente ahora comprendo que mi desencanto era miedo por vivir, miedo a hacer, miedo a tener, miedo a cambiar, miedos y más miedos, miedo a los desaciertos y me pregunto si acaso el ser humano está obligado a lograr todo aquello que se propone.

En los momentos que no quería vivir, recuerdo, todo era sólo blanco y negro, hallaba tristezas, respuestas negativas, desolación y desaciertos, pero ¿era real lo que me sucedía? Trato de interpretar cada tristeza, cada angustia y depresión desde la perspectiva de ese papá que no quiere vivir y le parece lógico lo experimentado. Sin embargo, es necesario continuar con auto-análisis y percibo la ausencia de resiliencia en el proceso.

Cuando uno teme afrontar la adversidad, parece estar tirando sobre la mesa las cartas del naipe, negándose el equilibrio emocional. Seguro fue lo que viví, mis problemas no fueron retos, fue la ocasión para creer que solo la muerte los resolvería; es ahora cuando me doy cuenta que no conocí mis capacidades, de lo contrario, esa horrenda pesadilla hubiese sido un camino y forma de adaptación a las dificultades.

Si yo hubiese sido resiliente seguramente esos dos años los hubiese reducido a unos escasos días de crisis, quizá hubiese logrado el control entre la razón-emoción-acción responsablemente.

Recuerdo un día -uno de aquellos que hacemos trágicos y en que nos negamos a reír, pues pensamos que todo el mundo nos mira mal y nos juzga- salí de mi casa en ese estado de negarme a amar la vida, momentos difíciles sin duda provocados por mí. Recibí una llamada a las 11:00 am, cuyo impacto es tan fuerte como la corriente de una línea de alta tensión, pues se trataba de la noticia de una muerte. Sí, esa fue la noticia. Pero miren ustedes, ese choque me permitió preguntarme cómo una mujer y madre cariñosa puede tomar esa determinación. Es un anuncio para evaluar aquello que quiero materializar, por medio de preguntas que cuestionan ya no el por qué ella tomó la decisión, sino el para qué yo quiero hacerlo.

Partí para mi casa decepcionado, con tristeza ajena y propia, busqué un rincón de la sala, un sitio propio para llorar como un niño regañado. Comparaba la tragedia sucedida con la que yo ocasionaría y traté de analizar de qué magnitud es el daño que hacemos a quienes nos quieren, nos aprecian e incluso con quienes somos incompatibles. Esa trágica noticia me puso a reflexionar sobre aquello que sintió mi amiga en ese instante, pues yo intenté pensar en lo que ella sintió, en ese desasosiego tan intenso que no pudo soportar, una verdadera pérdida de esperanza.

Mientras reflexionaba, siendo las doce del medio día, con tan solo una hora de diferencia recibí una llamada de mi hermano. Él me contó que mi gran amigo y vecino, en un hecho totalmente aislado, se acababa de quitar la vida. Fue otro golpe intenso en mi corazón, un desencantado más de la vida. Había casi presenciado la materialización de actos de dos desencantados. No entiendo si esto nos desanima a vivir o, al contrario, provoca choques de recontextualización. ¡Oh no!, qué complejo es esto: ¿por qué tenemos que vivir situaciones como estas?

Esa tarde me confundí mucho más, empezaron largos días con la atención puesta en algo que sucedía en mi exterior, pues mi interior no contaba.

DEL SUICIDIO A LA VIDA

Recuerdo tener mi rumbo perdido, puesto que había perdido el camino trazado; es decir, existía un caos en mi mente, ya no sabía sobre mis intenciones presas del desencanto, y solo me quedaban fuerzas para gritar.

Ese estado emocional, en los momentos de tristeza vital, fue lo que me desestabilizó y me mostró lo frágil que somos, por la debilidad e incapacidad de dar solución a una complejidad de asuntos cuando estamos inmersos en el desespero; es decir, yo no pude superar situaciones y mi autoestima respondió proporcionalmente.

Durante mi permanencia en la abulia y la insistencia a no vivir, me di cuenta que había algo que me perturbaba constantemente, pues en mi mente hice representaciones de momentos arduos y en cada actuación percibía que algo condicionaba mi vida y llevaba los sufrimientos a mi mente, lo cual sin duda perturbaba mis acciones y llenaba mi existir de culpas.

En mi proceso vivido, una vez percibí lo inclemente que había sido con mi vida durante esos dos terribles años, y una vez me miré a ese espejo que no miente, me di cuenta que arrepentirme era el paso hacia la comprensión de mis actos como un fracaso; fue la ocasión para ver que mi mente estaba centrada en algo, mientras mi cuerpo continuaba adelante como un vehículo sin frenos y sin consciencia.

GUILLERMO ROJAS QUICENO

A través de mi aparente libertad traté de reflexionar que ese deseo de no vivir esos dos tormentosos años, no era la ocasión para interpretar que los desaciertos se tienen que pagar o cargar para el resto de la vida. Me di cuenta que el dolor tampoco sana las heridas del corazón y que existe una forma de borrarlos. Se trata del arrepentimiento visto como la capacidad consciente del ser para extraer la culpa del corazón.

Cuando perdí ese deseo por vivir, las personas en que menos pensaba eran aquellas que estaban más cerca; yo tenía una fijación de un remordimiento y consideraba que en el momento que perdiera la vida mi corazón estaría a paz y salvo, se trataba del encuentro con el dolor, el remordimiento, la tristeza y la angustia.

Interpretación

Al respecto de esta situación me preguntaba alguien ¿sabemos manejar la tolerancia a la frustración?, a lo cual le respondí: hay manifestaciones de intolerancia que hacen chispa con el ego y no permiten ver objetivamente la vida. Tenemos edades y formas de actuar dependiendo de creencias. Me refiero con lo anterior a otro de los muchos desfases de la vida, donde fijamos la mirada a los caminos que trazamos y recorremos pero donde no toleramos cambios.

Debo aprovechar este momento para mostrar una de las muchas razones para interpretar -desde las religiones- el desencanto por Dios y el desencanto por la vida, pues hemos creído que trazamos lo acertado si entregamos nuestra fe a una doctrina, y si logramos objetivos manifestamos que Dios es hermoso y si no alcanzamos la meta la frase es: ¿dónde está Dios? Entonces creemos que nos ha abandonado o que nunca ha existido. En la medida en que vemos y valoramos lo sucedido y recibimos cosas mejores o conocemos seres especiales, ocasionalmente le damos el valor acertado.

La frustración es definida por el Diccionario de la Lengua Española (1947) como: *Privar de lo que esperaba o malograr un intento*. La tolerancia a esa frustración podría encontrar caminos en el momento que aprendamos a aceptar, cuando comprendamos que las metas o propósitos tienen muchos caminos y también resultados que ayudan al crecimiento como persona. Esto, por supuesto, nos ayuda a entender que la vida no es un modelo fijo a seguir ni un camino de avanzada en línea recta sin obstáculos.

De allí que los seres humildes logran fortalecimiento con cada frustración, pues se vuelven reflexivos, aceptan y aprenden de los errores. Soy insistente en esta tolerancia a la frustración, dado que quienes tienen muchos intentos fallidos en sus proyectos flaquean en lo espiritual, asumiendo la vida como fracaso. La pregunta al respecto podría ser: ¿tenemos expectativas en las actuaciones? No sé, pero en circunstancias de choque o crisis vital quisiera saber si nos exigimos mucho. También podría decirse o pensarse que nuestro afán por lograr y ganar, genera desproporciones que hacen que las cosas se salgan de nuestras manos. Cuando esto sucede reiteradamente, vamos a la conceptualización y valoración dura: "nunca puedo lograrlo y mi vida es una completa frustración".

Ante este calificativo, viene la tristeza de no lograr, pero también algo que desvirtúa nuestra alegría y es la frase: "no lo lograré". Parece ser el sello indeleble que marca caminos fallidos, aquel que trunca nuestros planes y propósitos, aquel que nos hace ser seres despreciables ante nosotros mismos, ese que nos hace perder la autoestima. De aquí, surge una pregunta con respuesta basada en la experiencia: ¿será posible que las cosas salgan bien cuando las hacemos pensando en perder?

Claro que no, ya que era lo que él quería vivir. La respuesta se tiene frente a la actuación desolada, pues se trataba del deseo de una respuesta negativa a una pregunta o acción que debía venir positivamente pero necesitaba que fuera negativa para satisfacción del propio dolor.

Entiendo que es confusa y paradójica tal posición, incluso parece ser inhumana, pero ¿si no se desea vivir para qué se quiere respuestas que hagan reír o sentir? El dolor del alma y el deseo de morir parece no permitir momentos diferentes a la tristeza y es cuando nos preguntamos: ¿de qué depende la idealización del futuro? Tengo una confusión al respecto, es como si se tratara de actos mediáticos basados en emociones que han marcado un camino; mas sé que no debería estar hablando del futuro, pero recordemos que al menos debemos detallar una luz en el camino.

El desencanto por la vida, no es lo mismo que el odio a la misma. Pues el primero es temporal, mientras el segundo se convierte en un repudio permanente. Pero existen maneras de aferrarse a la vida, como un proyecto de felicidad y amor, esquematizando ese fortalecimiento y motivándose a vivir como un autocontrol. Es importante forjar la identidad propia de cada sujeto en el existir. En tal sentido, la vida debe verse como una estructura, un soporte y un aporte. No podemos derrumbar nuestras vidas por un acontecimiento, una emoción, una acción o un acto, pues la sumatoria del amor por la vida no debe ser una sola cosa; de lo contrario, cada día será un camino al desencanto y pérdida de alegría. La vida tampoco debe ser el recorrido por alcanzar un solo propósito, la búsqueda de una sola cosa; por lo contrario, debe ser el medio a descubrir nuevos caminos.

Es verdad, cada ser humano ve las dificultades de acuerdo a la resiliencia que tenga para resistir, adaptarse y fortalecerse, ese saber cuidar la integridad y forjar comportamientos. Es impresionante observar la cantidad de herramientas que tiene una persona para vivir con entusiasmo, pero lo que más me asombra es no encontrar caminos para hacerle frente a lo difícil.

¡Qué mejor para alguien que emplear su tiempo en conocer las habilidades y capacidades y no derrocharlo en tristezas!

El sujeto resiliente se comunica alegremente, tolera y soporta el sufrimiento o, mejor, está guiado por propósitos en su vida. Son dos miradas en polos opuestos: la una, pensar en cómo quitarse la vida; la otra, cómo mantener la autoestima, mediante la esperanza, la responsabilidad y la consciencia, afrontando la sociabilidad y la tolerancia a la frustración. Esto quiere significar que el tiempo puede ser objeto de frustración o aprendizaje y la decisión depende de la capacidad de amar.

Es raro que alguien que no quiere vivir se aterrorice cuando le dicen que una amiga se quitó la vida. Ese estado es el que nos hace ver que perdemos el control de la vida, en tanto deseamos, añoramos y queremos que la vida nos dé respuestas acorde a nuestros deseos, incluso se ajuste a nuestros caprichos. Es así como insisto en los golpes más duros de la vida. Son nuestros caprichos, de orgullo y ego, los que van socavando los "vacíos de nuestras vidas", conduciéndonos por el anonimato y la pérdida de subjetividad, hasta llevarnos a la falsa felicidad. No se trata de la soledad de estar en el mundo, se trata de la soledad del corazón.

Ver aquello que le sucede a las demás personas y asumirlas como experiencias de la vida, nos lleva al crecimiento y fortalecimiento espiritual. Vivir, sentir y descubrir permite un reconocimiento en el mundo para reencontrarse con la vida. Por ello, el ser humano necesita despertar los sentimientos para descubrir cada día el valor que debemos dar a la misma.

Los choques emocionales, el manejo de los mismos, el control de los sentimientos, la alegría en lo que hacemos, depende por supuesto de nosotros mismos, del deseo y los propósitos por descubrir el sentido de la vida personal. En este contraste de sentimientos es donde se acertaría con la auto-trascendencia, la cual lleva a descubrir valores que inspiran la vida, lo que evita perdernos y en cambio encontrarnos y propiciar la reflexión como camino. El ser humano no debe perder la razón de ser, mejor debe enfrentar realidades como forma prudente de romper las cadenas con el pasado.

El hombre o la mujer triste poco conocen de él o ella, pues viven en un estado de retraimiento en el cual se hace imposible concretar la actuación. La tristeza es lo que amarra, es la manifestación de nuestro ser, de los recuerdos y emociones, dificultades, tropiezos y desencantos.

En estos momentos es cuando me pregunto: si la tristeza se convierte en fijación ¿por qué quiero permanecer pensando en su causa? Es particular la actuación de los individuos cuando nos acomodamos tan bien a la tristeza y mantenemos los sentimientos propios de inferioridad frente al estado emocional en que vivimos.

Cuando el ser humano tiene dificultades o vive tragedias, olvida que son cosas que tenemos de alguna manera que vivir, que hay tristezas mayores que las que uno vive; es verdad, no lo podemos tomar como un consuelo, pero no ser capaz de afrontar una situación difícil, es el desconocimiento de las propias fuerzas y capacidades. Es increíble ver seres inmersos en este estado y, más aún, lo es ver pasar los días y continuar viviendo dentro de la tristeza.

Admiro que las personas prudentes tengan un especial interés en el cuidado personal, a través de los actos ellos evitan y evaden riesgos, acaso porque son felices por ellos mismos, la vida es la moderación y el bien más importante. La curiosidad resulta interesante, pero mezclada con el riesgo puede ser un elemento de desencanto. Los sentimientos y las emociones deben tener un límite, existen edades donde el sujeto busca el peligro, parece incluso no temer a morir, pues arriesga y es la manera de dar agrado a los actos. No debo desconocer aquella frase utilizada con frecuencia por nuestra generación: "quien ama el peligro, en él perece".

Cuando me refiero al límite quiero decir con ello que hay cosas que son mejor evitar, ser prudente, pues cuando actuamos con esta virtud viene la reflexión y los distractores se reducen. No se trata de realizar acciones con los ojos vendados, en tanto la tarea está en prever los acontecimientos diferentes a la pre-ocupación, al miedo y al temor. Cuando tenemos un bien intangible como es la vida y somos conscientes de ello, debemos anteponer la importancia de valorarla y ello se hace mayor en la medida que pasan los años. No me cabe duda que cuando creemos tener la vida perdida, buscamos la prudencia y la sensibilidad.

El desencanto de la vida durante un periodo de tiempo no es más que el desconocimiento del valor del bien adquirido, pero éste lleva a sentir que la vida deja de ser importante. Entonces, ¿por qué debe haber arrepentimiento? Considero que éste nos acerca a la sensibilidad y abre un momento para reconocer un acto y tomar una actitud reflexiva. Normalmente nos cuesta dificultad aceptar que hemos realizado un acto inadecuado. Lo he sostenido en repetidas ocasiones: nos negamos a vernos en nuestro actuar, creemos que actuamos sabiamente porque las críticas nos causan mal genio, nos molesta que señalen nuestros errores y en esas condiciones no somos capaces de vernos en el espejo de la vida para reconocer las acciones a mejorar.

Pero ¿cómo alguien desencantado de la vida puede observarse de un modo objetivo? El arrepentimiento lo he visualizado como el camino al perdón, ese perdonarme y perdonar al otro para liberarnos.

Sé que no es fácil perdonar por aquello del ego, pues éste se antepone a cualquier coyuntura y acto de la vida. Llega la acción personal del flagelo o el castigo reiterado sin ninguna compasión con la propia vida y con ello aparece otra pregunta: ¿cuándo logramos arrepentirnos? Simplemente cuando aceptamos a los demás. Significa que ha predominado en nuestro carácter y actitud un procedimiento para juzgar, señalar y encasillar a los demás, en tanto queremos imponer nuestros estándares y, bajo nuestra percepción, ser incompasivos con los otros.

Es, precisamente, una mirada profunda e interior la que debemos brindar en cada momento en donde nos vemos incitados a juzgar, y buscar la paz en nuestros corazones, la tranquilidad espiritual y la alegría de pensar cómo actúa y siente el otro. Mas no comprendo para qué esperar momentos difíciles o de aprendizaje -como los he llamado-; momentos donde queremos ver o dar por terminado todo.

Eso sí, debo reconocer que cuando el trauma invade el corazón de tristeza, la vida se convierte en una armadura de acero donde no se perciben los actos y menos aún se escuchan los secretos del corazón, pues queremos justificar y creemos que, por el contrario, no hay nada de que arrepentirnos. Las heridas que ocasionamos a los demás son vistas como actos normales. Es por ello que insisto en el arrepentimiento como un don que despierta la virtud y capacidad de ver más allá, de aceptar y superar el ego para evolucionar en el amor.

El arrepentimiento no es el camino del agrado de los demás. Es una forma de humanizarse con humildad para perdonarse y reconocer la falta y alcanzar la libertad. También es la manera de renovarnos o, como dice Leonardo Boff (2000), dejar de ser gallinas en un gallinero, sabiendo que somos águilas.

Esa renovación abre nuestra mente a la serenidad con amor, saca de nuestra mente aquello que nos hace daño, permite meditar para conocernos, de pensar para actuar y entender a quienes tienen relación con nosotros, entonces lograr vencer la rebeldía, recontextualizar el término odio y no confundir arrepentimiento con remordimiento. Cuando logramos la serenidad en medio del tormentoso deseo de no vivir, evitamos encontrar culpables de lo que nos sucede, mas cambiamos la arrogancia por la humildad, nos permitimos ser y valoramos el ser y estar en el mundo.

El arrepentimiento nos deja ver nuestra rebeldía en el actuar y la actitud propositiva para vivir. Y es esto lo que motiva al cambio y las mudanzas espirituales, en tanto los remordimientos nos llevan a buscar y encontrar culpables o, por lo contrario, sentirnos responsables de lo que ha sucedido en nuestras vidas. Es este remordimiento con el que los seres humanos queremos cargar constantemente, lo cual conlleva mantener vivo el recuerdo para generar tristeza y zozobra en el corazón, también es inculparnos para creer que una acción nuestra a tiempo puede cambiar el destino.

Constantemente escucho a personas separadas expresar "fue mi culpa", y a los hijos manifestar "si yo hubiese estado al lado de mamá ella estaría viva", o a padres aseverar "si no le hubiera dado permiso, viviría" y, "si yo hubiese sido un papá rígido no estaría consumiendo drogas". Queremos cargar con todo y olvidamos que no podemos sobrevivir por nadie y que, ante todo, las cosas tienen que suceder como aprendizaje para cada cual.

Asimismo, el remordimiento se convierte en la oportunidad de asumir culpas, de echar las cargas al hombro y no sólo a modo de un lamento constante. Al respecto me pregunto: ¿estando con una persona todo el día, puedo evitar el desencanto por vivir? Probablemente, pero recordemos que la fijación del desencanto puede no depender de uno; es decir, en la vida de quien no quiere vivir es probable que uno no sea actor, así se trate del papá, mamá, hermano, hijo, etc.

Una vez entramos en el campo del arrepentimiento resulta perentorio hacer el ejercicio del olvido. ¿Para qué?, se preguntarán. Ésta es la manera de no permanecer en el pasado y centrarse en el presente, también de atraer la atención y la mente que están atrapados en un acontecimiento para ubicarla en aquello que se está viviendo. Recordemos aquella hermosa canción de John Lennon (*Beautiful boy*): "la vida es lo que te pasa mientras estás ocupado haciendo otros planes".

Olvidar es saber cerrar cada día adecuadamente y continuar con el encanto que la

Vida requiere siempre. Es saber abandonar los recuerdos que pueden hacernos daño o perturbar la tranquilidad. Recuerdo un amigo que me hablaba sobre su separación, un suceso con veintiséis años de recuerdos. Cuando le pregunté si había perdonado me respondió que no, pues él aún sentía odio y entonces le repliqué: "usted nunca se separó".

El olvido tiene el mejor anestésico contra la venganza y el odio, se trata de la función más importante del sujeto: perdonar. Cuando uno logra romper el paradigma generacional en nuestra mente: "perdono pero no olvido", esa persona ha logrado trascender, evolucionar, estabilizarse y convertir todo en amor. Parece no haber concomitancia de un ser cuando no logra olvidar, porque en adelante se antepondrán esos recuerdos negativos a las acciones que conllevan a la verdadera felicidad.

PASOS AL VACÍO

En aquel tiempo le contaba mi experiencia a un grupo de jóvenes, les decía que la tristeza y el desencanto por vivir se generaban cuando cerrábamos las puertas y ventanas del corazón, nos negábamos a ser felices y preferimos ver ese gran nubarrón que nos impide contemplar la luz. A esos muchachos les decía que un ser sin propósitos y objetivos simplemente es negarse la propia felicidad.

Al poco tiempo, vino un muchacho del grupo a mi casa y me narró la siguiente experiencia: él, envuelto en su mundo de desencanto por la vida, tomó una soga y la amarró a una viga de su cuarto, se subió a una silla y se sujetó del cuello. Cuenta que en esos cortos segundos trajo a la memoria, aquello que compartí - referente a mí sufrimiento cuando mi hijo se quitó la vida-. Él pudo dimensionar el trastorno que con su partida originaría a sus familiares y amigos y, en esos pocos o eternos segundos, decidió arrepentirse de la acción.

Quizá este flagelo fue uno de aquellos que me llevó casi al abismo, ese sentimiento que me derrocó, aquél que enajenó mi libertad y me convirtió en esclavo de un sentimiento.

En este sentido, hubo otro elemento en mi vida que me llevó a la confusión. Fue la llegada del día domingo como si fuera una tragedia, pues la tristeza me invadía desde el sábado; el silencio, la calma y la serenidad perdidas me conducían a la ira de estados emocionales sin control, no sabía cómo hacerlo y esto parecía lógico, pues el sentido de mi vida estaba per-

dido, mas no percibía que el sentido de la vida creadora tampoco existía. Entonces me propuse huir de la vida con mayor intensidad. Llegó un momento donde añoraba trabajar hasta el día domingo en la noche para poder engañar a la vida; parar el trabajo era como profundizar en el desamparo y en el vacío.

Poco a poco pude percibir que se trataba de un escape de mí mismo, pues nunca hice lo posible por conocerme; al contrario, en los momentos que quería pensar en mí, o tenía esa oportunidad, huía y fue allí donde me pregunté: ¿cuál es el temor de conocer cómo actúo? Ese temor me llevó por los caminos más profundos de tristeza o, mejor, fui yo quien condujo mi vida a ese estado.

Ahora bien, ¿qué me conducía por los caminos de melancolía los domingos? En esos eternos domingos nunca supe aprovechar el silencio para la meditación, por lo tanto derrochaba todo el día en pensar el pasado, en mis "dificultades", en las "necesidades", en los días que configuré como "tragedia", en mis ilusiones y desaforadas ambiciones, en otras palabras, buscaba placer combinado con tragedia la cual daba como resultando una enorme melancolía.

El día domingo se trataba más de un encuentro con la muerte que conmigo mismo. Era el día en el que no deseaba conversar con nadie, solo permanecer encerrado en cuatro paredes. El televisor me moles-

taba y la música era un choque emocional. ¿Era lo que me sucedía? No, se trataba fundamentalmente de lo que quería vivir.

De allí que el domingo fuera una tragedia, era mi compañero pleno de tristeza permanente. En medio de esta confusión traté de responder sobre mi actitud por la llegada de este día y es ahora cuando logro observar que la esencia de la tristeza está en motivar ese miedo. Al tratarse de conflictos internos, donde no permitía la presencia de la felicidad, yo no abría mi espíritu a la posibilidad de una vida amorosa. No obstante, cuando era el momento de descanso como es el día domingo, experimentaba un vacío interno, donde me percibía como un ser inútil.

La soledad me llevaba a convertir ese día en la fábrica de recuerdos, de los actos no logrados, o la ocasión de recordar con melancolía insucesos vividos, negándome a vaciar de mi mente estos estados ya pasados.

Hoy podría decir que el día domingo era un caos donde se cargaban culpas, frustraciones, dificultades, remordimientos, nunca la oportunidad para afirmar el sentido por la vida, pues al parecer lo único que fortalecía las ganas de vivir era el trabajo. El domingo era un motivo para ver la realidad de mi pasado y verlo con angustia, tratando de negarme a olvidar. Se trata, pues, de un camino producto de mis creencias y no de una realidad verdadera.

Siento escalofríos y parece que la muerte me rodea, pienso que el momento deseado ha llegado y la vida son segundos tormentosos. Mi comportamiento sigue extraño y ya no quiero ver a nadie, en tanto todo el mundo me fastidia y parece que también odio a mis amigos.

En este terrible sentimiento existió otra gran confusión de mi ser interior. Olvidé que uno no odia a la gente, uno detesta los actos y cree que la gente le fastidia. Me propuse no escuchar a nadie, no saludar ni mirar a la gente. En parte era como si mi carácter hubiese tenido una distracción y la motivación parece haber muerto, pues he cambiado para mal en mi modo de obrar, pensar y sentir, y lo digo porque no tengo respuestas racionales como tampoco situaciones reales.

En este trágico desencanto por la vida en el que se busca estar inmerso se desea la muerte bajo cualquier circunstancia y se suplica a Dios para que sea él quien nos auxilie. En mi caso particular se reflejaba como un sacrificio conscientemente ofrecido, donde la muerte igualaba el balance sentimental.

DEL SUICIDIO A LA VIDA

Interpretación

Condicionar las acciones y enajenar el existir, es dar un paso al vacío sin saber dónde se caerá, pues recordemos que las actuaciones aceleradas limitan la reflexión y la ausencia de la meditación conduce a resultados nefastos.

Un ejemplo de esto es la actitud de un hombre que le manifestó a sus compañeros de trabajo "en un mes les doy una sorpresa". Continuó su vida laboral y a las dos semanas replicó "en quince días les doy una sorpresa". Responsablemente seguía su vida laboral y esto dijo: "en dos días les doy una sorpresa". Pasó un día y le manifestó a sus amigos: "mañana les doy una sorpresa"... Y en verdad les dio una sorpresa: voluntariamente dejó de vivir.

Todo esto nos llevaría a pensar que el desencanto por vivir no es una emoción instantánea solamente, puede tratarse de una emoción planeada y proyectada, puede ser ese estado de anonimato proyectado en el tiempo, es una reflexión centrada únicamente en interpretar que todo está hecho y no hay sueños ni esperanzas.

GUILLERMO ROJAS QUICENO

No pretendo calificar actuaciones, pero ¿cómo se puede sentir quien ve en la lluvia tristeza y en los días soleados aburrimiento en su corazón? Puede haber solo una representación de su mente; mas ¿qué emoción puede tener quien no quiere vivir?, quizá pueda sentir tortura por cada día que pasa. Le decía a un amigo: por qué tenemos que vivir de los malos recuerdos, por qué tenemos que lamentarnos cada día del pasado. Frente a lo cual le insistí, cada vez que el ser humano reciba del inconsciente esos recuerdos debe hacer un esfuerzo por deshacerse de ellos. ¿Cómo?, a través de la interposición de recuerdos maravillosos, buenos o agradables.

Cuando el ser humano escucha las voces y secretos del corazón, cuando ha recorrido con amor el camino de conocerse, aprende a diferenciar entre los acontecimientos buenos y desagradables de su vida. Es en este momento donde el juego de la interposición permitirá la agilidad de la mente para estabilizar positivamente su estado emocional. Eso precisamente es lo que hace el ser feliz, se apropia de su casa como el jinete que toma con seguridad la rienda del caballo. Si el jinete tiene miedo, será el caballo quien lleve al jinete.

No se trata de buscar la perfección como humanos, mejor debe ser la despreocupación a esa perfección, el acentuar los deseos de disfrutar cada acción y aprender a reírse de uno mismo. No podemos pensar que hemos vivido demasiado, tampoco imaginarnos que ya hicimos todo y así proyectar el tiempo venidero, despertar la capacidad de asombro y, como afirma Erich Fromm (1980), lograr la felicidad a través de la capacidad de amar.

La vida no debe cerrarse a un solo objetivo, decíamos, pues ella no es un juego de dados, si bien el vivir debe verse como un juego pirotécnico que deja en el firmamento miles de destellos de luz; algunos iluminan un segundo, otros tardan en apagarse, pero nos llenan de belleza y felicidad. Sin embargo, recordemos que existe el derecho a decidir.

Considero que compartir las experiencias de vida tiene un valor intangible, pues recordemos que hay personas que a través de lo que le pasa a los otros reflexionan sabiamente; ellos logran transformar los sueños viejos en nuevos sueños. Es cuando con voluntad y actitud toman la adversidad para transformarla y dan origen a la grandeza personal.

Sin embargo, hay momentos en que nos encontramos con jóvenes que juegan con su vida y la arriesgan sin más. Ese caso lo pude observar en un amigo que me manifestaba que él no despreciaba la vida sino que simplemente no quería pasar de los diez y ocho años y así fue. No me cabe duda que ustedes se están preguntando lo mismo que yo: ¿qué lo llevó o qué los lleva a tomar esa decisión? Hemos dicho que cada vida es un mundo y la felicidad es subjetiva. Para el sociólogo Durkheim (1951) puede tratarse de disposiciones orgánico-psicológicas y la naturaleza del medio físico.

Yo pensaría que estas personas tienen una fijación psico-rígida, si bien existe una negación a explorar, o a experimentar más allá de las posibilidades. Ellos escuchan y ven solo aquello que quieren, y así se trate de dar explicaciones sobre algo, ellos lo entienden a su manera.

Podría incluso compararse con el camino por un túnel donde se avanza en línea recta, y no podemos retirar la mirada de ese punto fijo que hay al frente. No implica que estos seres sean infelices. No, ellos pueden vivir a plenitud e incluso hasta más; podría decirse que convierten esa edad corta en una actividad intensa como si hubiesen doblado la edad vivida.

Lo complejo de estas cortas existencias radica en la despedida, pues su partida genera un vacío y choques emocionales para los amigos y sus seres queridos; aquel sentimiento genera llanto, angustia, soledad y nos desvela cada noche. Se trata del apego del amor, sentimiento que lleva a que el duelo sea una acción muy difícil de superar, pues nada reemplaza a un ser amado.

Una partida genera angustia, y más si se trata de una partida para siempre. Ese sentimiento es una reacción a la percepción de algo, sentimos que algo está o va suceder y, como todo cambio, genera impacto y resistencia. Ahora viene la acción de cómo adaptarme al mundo en medio de la angustia. Y cuando trato recuerdo que debía evitar la permanencia en ella, por lo tanto la dificultad es mayor.

¿Qué es lo que nos intranquiliza o inquieta? Sin duda, algo que nos desagrada o nos pone en riesgo. He creído que esa angustia genera dolor físico y emocional hasta llevarnos a la desesperación.

No son las personas o los acontecimientos quienes nos llevan a estados deplorables o alegres, es cada uno de nosotros quien permite que las cosas sucedan, siendo precisamente la pérdida de voluntad lo que se tipifica. Soy yo quien permite que la tristeza entre en mi corazón; soy quien permite una vida cargada de recuerdos; soy yo quien permite el desamor, el irrespeto o el desencanto. Puede tratarse de ausencia de carácter, pero qué más puedo exigir si yo mismo no me valoro, no me respeto ni amo.

Hago esa aclaración dado que a diario escucho frases como: "la vida es muy dura", "qué pereza la vida" o "la vida es injusta", etc. Y no nos damos cuenta que nuestras vidas se asemejan a una nave en la cual el capitán es cada uno de nosotros y esa nave obedece solo al capitán. Con lo que podría concluir que cada uno tiene cualidades para viajar por el camino "deseado".

Ustedes se preguntarán ¿cómo va querer una persona vivir en la tristeza y melancolía? Se trata de un acomodamiento en la vida, pues creemos ser socialmente responsables y libres, con capacidad de reflexión en cada acción. Incluso, creemos que tenemos capacidad para vernos actuar y re-direccionar nuestra vida, pero esto no es verdad, ya que el ser humano insiste en la arrogancia de creer saber mucho de sí, pero ha dedicado su vida a mirar a los demás y lo exterior, de allí que la llegada de cada domingo se convierta en una tragedia.

De acuerdo a lo que vivía Juan cada fin de semana: al no vivenciar la rutina de la semana y del quehacer, entonces la vida carecía de sentido y la apatía por ese día aumentaba progresivamente. Debemos reflexionar en las mudanzas internas para llegar a conocernos o, si no, nos conducimos por momentos terribles y escandalosos.

Ustedes quizá no crean lo que voy a decir, llegan momentos en la vida de un ser humano que entierran la alegría; ese es el primer sepelio de aquel que se desencanta de vivir. En ese sepelio se tratan de ocultar valores, talentos, felicidad y amor. He podido observar que así piensa el ser "cansado" de la existencia.

Ellos, en ausencia de motivos, transitan por esa soledad que la enmarcamos como algo trágico; es aquella donde los hijos, amigos, hermanos, toman caminos independientes, pues es el estado en el que queremos estar, no dependientes sino aislados de la realidad. Viene, entonces, otra pregunta: ¿qué nos impulsa a vivir?

FÁBRICA DE RECUERDOS

No puedo desconocer que ese desbalance tenía un origen en el sentimiento y era éste lo que me conducía a un estado emocional complejo. Sin embargo, en el fondo, muy en el fondo del corazón, basado en una estructura religiosa conducida a la espiritualidad, trataba de decirme que las reglas del juego de la vida, no las podía infringir; no obstante, el deseo de morir aumentaba.

Frente a cada actividad laboral, lúdica, familiar, me comportaba irritable. Cierto día me propuse visitar hospitales y todo por una razón: siempre creí que fallar en un intento por quitarme la vida podía ser aún más trágica. Entonces entré a un hospital y como un robot recorrí piso por piso -como quien está perdido-. Por lo general, ingresaba con pantalón oscu-

ro, camisa blanca de manga larga y zapatos bonitos; creo incluso que mucha gente pensó que se trataba de un funcionario o de un médico. Procuraba mirar habitación por habitación, observaba al enfermo y al acompañante, les miraba al rostro y no podía distinguir quién era el enfermo.

Me propuse observar las caras de los acompañantes y hacía lectura de la tensión existente y la angustia. Me descompensaba al ver pacientes solos y mucho más cuando cruzaba por urgencias, veía las carreras, escuchaba gritos, sentía la angustia y el llanto, y mi preocupación aumentaba. Allí tuve un choque de emociones y sentimientos entre mi "dolor" y el dolor de ver tantas enfermedades, tanta tristeza y demasiada compasión de los acompañantes, intenté en vano aceptarme para lograr liberarme, pero fue improductiva; sin embargo, ese ejercicio me impactó. Procuré darme cuenta que nos falta sabiduría en las relaciones con el mundo y especialmente romper paradigmas respecto a la aceptación para no llegar a sucumbir frente al sufrimiento.

Fue entonces cuando surgió una pregunta: ¿existen el sufrimiento, la tristeza, la soledad, la enfermedad, depresión y la angustia? Quizá no, cambiamos de personalidad a través de las emociones y creemos que existen, mucho más en mi caso que convertí la vida en una entropía de una existencia tran-

quila en el pasado para llegar al desorden de veinticuatro meses, "un solo" acto desconfiguró totalmente mi vida hasta llevarme al borde del abismo, donde olvidé mi vida como misión. Era exactamente un estado de compasión en el cual me sumergí, una situación dolorosa antepuesta por los rechazos hacia la gente.

Llegué a pensar que sufría de una extrema pobreza espiritual, por lo cual cada acto llegaba a la formulación de juicios y a la carencia de objetivos. Realmente no lo sé. Estoy viviendo una confusión y he convertido mi entorno en difícil. Quizás se trate de melancolía, ya que mi existencia está en duda y la parte espiritual flaquea; creo incluso que mi amor ha muerto pues perdí mis sueños y aumenté la posibilidad de sufrimiento. Sé y estoy seguro que ni mi médico, o mi familia puede dar sentido a mi vida, ese sentido debo descubrirlo por mí mismo. Es con el tiempo que percibo que esa plenitud que viví en el dolor no la podía ver como un vacío de la vida y que verdaderamente desperdiciaba la existencia.

Esas palabras me atormentaban, si trataba de poner en contexto todas las anécdotas y vivencias de la gente que narraban, trataba de borrar tanta incertidumbre de mi mente, pero había una fuerza interna que lo impedía, pues parecía que la conscien-

cia me castigaba, escuché esa voz interior que creemos nos acusa o nos debe acusar.

Me preguntaba qué me atormentaba y concluí que se trataba de temores, entonces evocaba las palabras de Freud (1977): el hombre teme más al abandono que al castigo. Y era eso lo que me sucedía, me sentía abandonado, yo me abandoné.

Muchas personas viven lo mismo que padecí durante aquellos momentos, ya que "me reprimí". En otras palabras, dejé de actuar como siempre lo hice, con autonomía y alegría, eso me llevó al desprecio por mis actos.

Cierto día tomé el auto para desplazarme de una ciudad a otra, a los diez kilómetros mis lágrimas rodaban y mi llanto era intenso, gritaba y lo hacía porque cuando el silencio se junta con la ira y se fortalece el deseo constante de no vivir, el ser se torna irritable. Aceleré el carro hasta el punto que me permitía, las llantas sonaban y mientras más corría mis gritos eran de impotencia, a cada curva veía una oportunidad de huir, ya que sentía que era el momento perfecto para lograr mi desesperado propósito. Es ahora que me doy cuenta, pues me parece raro que en esa dificultad no recurrí a pensar o a llamar a mi familia, lo vivía como si hubiese formateado mi memoria: percibía una mente en blanco.

GUILLERMO ROJAS QUICENO

La suma de velocidad, tristeza, rabia, llanto y desamor por vivir me sucedió en el carro y cuando reaccioné y regresé al mundo pude esquivar el abismo. Hoy me cuestiono frente a la reacción de frenar y lo veo como un acto involuntario portador de un mensaje divino, quizá se trató de una segunda oportunidad o la milésima de segundo suficiente para pensar nuevamente la vida, no me cabe duda.

Recuerdo que llegó un momento en que sentía rabia de haber vivido con bienestar y holgura, esa condición que me hizo egoísta y me provocó el olvido de las necesidades de los demás y que en ocasiones nos hace insensibles, prepotentes y reduce la capacidad de reacción con humildad y objetividad.

Creí por mucho tiempo que el bienestar personal me permitiría vivir sin problemas y dificultades, por lo tanto confiaba ciegamente en mí. Pero en la tristeza que estaba inmerso, me di cuenta que ese bienestar me tenía amarrado de pies y manos y no me dejaba actuar, por lo cual sostuve muchas veces con ira: para qué tengo estas porquerías materiales si de ellas no logro rescatar mi verdadera felicidad espiritual.

Sí, me di cuenta con el tiempo que ese bienestar me había distraído de las tareas más importantes. Me entretuve y me distraje cuidando esos juguetes que la vida nos pone como una fantasía, pero que desvir-

túan la realidad. No puedo creer que uno pueda quedar atrapado en la falsedad y mala interpretación que le damos al bienestar. Podría renunciar a todo, olvidarme de las conquistas y logros, siempre y cuando pudiera regresar el tiempo para ser afectivo, cariñoso y distribuir el tiempo de modo adecuado.

Interpretación

No sé por qué después de perder el valor por la vida vemos la existencia inútil, al extremo de perder también la dignidad y los talentos. Se trata del *efecto dominó*, por el cual caen las fichas más importantes de este juego llamado vida.

Me contaba una amiga que muchas veces se sentía insignificante, su comportamiento era escuchar la valoración negativa de parte de su esposo y sus hijos actuaban igual que el padre, siempre despreciando sus acciones. Pero lo peor de la historia era que ella creía todo lo que le decían. Su comportamiento fue como el del águila que creyó ser gallina y recibía puñados de maíz. La tristeza era su mejor amiga, en su mente creó la fijación de ser inútil y tenía constantemente quien se lo reforzara.

Esa es, sin duda, otra vida carente de sentido, donde sobreviene la angustia. Es donde la vida carece de sentido. Esa amiga me decía: si la vida dependiera de mí, ya me hubiera desecho de ella.

Cuando veo a una persona que ha sido humillada y abandonada, veo en él o ella la tristeza y desolación de ver pasar los días aislados del mundo. Insisto: qué terrible es permanecer en esos falsos pedestales. Las energías no deben gastarse o derrocharse, pues debemos utilizarlas para extraer de ellas virtudes e imaginación en procura de la obtención de razones para vivir, crear y transformar.

Suele suceder que alguien prefiera responsabilizarnos, incluso nos encanta hacerlo y especialmente de todo lo que sucede. Seguramente ustedes se estarán preguntando lo mismo: ¿de qué culpa estamos hablando, a qué nos referimos con tal término? Trataré de explicarlo de forma sencilla. Parece ser una condición humana la que nos lleva a asumir y responsabilizarnos de las cosas que suceden. Si se trata de actos donde queremos buscar un responsable y, como en ocasiones no lo encontramos, preferimos asumir esas cargas para sentirnos responsables de lo sucedido y dar nombre al acontecimiento, pero mucho más para estar recordando el acto y martirizarnos constantemente.

Ese término llamado "culpa" es lo que más atormenta al ser humano y desestabiliza hasta llevarlo al deseo de morir. Llamo una acción recíproca a lo que estoy pensando o creyendo, máxime si olvidamos la compasión para con nosotros mismos. Se trata de momentos donde provocamos inseguridad y ansiedad por cuanto nos lleva a odiar nuestros actos, nuestra existencia y terminamos sometidos.

Por esto cuando alguien logra materializar la muerte, los demás nos preguntamos ¿cómo pudo dejar a su familia? Debo decirles que no ha dejado a su familia, ese ser tuvo una mezcla de emociones tan profundas e intensas que se inculpó. Hablo de la pérdida de subjetividad; es decir, nos olvidamos de pensar y sentir, hasta llevarnos a actuar como una máquina; esa máquina que pierde el control y tropieza de lado en lado.

Pues en la vida el problema no es vivir, es saber afrontar realidades, generar conocimiento para el desarrollo y el gozo de la existencia, construir un vivir como una creación personal consciente.

El desencanto de la vida no solo llega al corazón de quienes tienen problemas o encrucijadas. Un ejemplo es el hombre exitoso que debe reprimir el miedo, la duda y la depresión, el aburrimiento y la falta de esperanza (Fromm, 1992). La alegría de haber logrado sus propósitos, muchas de las veces en su inconsciente anuncia la ausencia de algo vital, y esa persona entra en un sin número de interrogantes hasta llevarlo a un estado de ansiedad.

Algunas personas exitosas parecen no poder soportar la felicidad, si bien entran en confusiones o placeres para distraer la vida y se apoyan en las metas logradas para un cambio de personalidad. Ese cambio ocasionalmente los lleva a actuar con prepotencia, pues su apoyo es un falso poder, aquel que da el dinero, las posición social o la política, aquel que es solo una plataforma que al caer vuelve más compleja la vida de estas personas. Caso particular, lo vivimos con el ex presidente de Comcel en Colombia, en el año 2009, quien pasó del poder a la soledad.

DEL SUICIDIO A LA VIDA

Este tipo de personas tienen algunas complejidades: la primera, es creer que la meta lograda será permanente; la segunda, tener que renunciar a ella de modo repentino, lo cual sin duda deja entrar a reinar una melancolía trágica; y la tercera, verse sin qué hacer. Para Freud (1993) el *yo* tolera un deseo mientras solo existe como fantasía, si se acerca al cumplimiento y amenaza con convertirse en realidad. Así hay gente que lucha con todo para alcanzar una meta y cuando lo logra se derrumba. Se trata de una lucha interior a veces convertida en apariencia.

Otro ejemplo de esta situación que genera desasosiego es el momento de un ser que teniendo una condición laboral de buena posición (poder) renuncia a su trabajo y luego él o ella no soportan esa inactividad. Dichos seres -que ni siquiera en su tiempo libre logran suspender la actividad- entran en angustia al momento de tomar un avión, un hotel, un club, una playa, una ciudad; en fin, creen que no están haciendo nada y piensan que ese es tiempo perdido. Estoy de acuerdo con Frankl (2005) cuando manifiesta: "En ausencia de un sentimiento amoroso, el trabajo es un medio de distracción y cuando falta el trabajo la vida se convierte en un caos".

El ser humano debe recurrir a lo que Trigo (2014) llama el yo sinfónico, el estado de quien ha logrado la armonía del Buen Vivir. Para ello es necesario crear, abrir la mente y pensar en uno como creación divina, como el milagro de vivir y no dejarse derrotar ante lo que puede suceder. Todo esto lleva a encontrarse con una paradoja, dada por las diferentes posiciones sobre el desencanto vivido y reflexiones positivas sobre lo que debería ser la vida.

Hay una virtud por resaltar en algunos seres humanos. Cuando somos justos y equitativos aprendemos a valorar la vida en todo su contexto, en tanto chocamos con los apegos, viene la aceptación, buscamos caminos al perdón y olvido, y vencemos ese monstruo que llevamos en el corazón llamado *Ego*. Es justo cuando recuerdo a Trigo (2013), quien pregunta: ¿cuál es su actitud ante sus fallas y/o errores? Pocas veces nos hacemos este tipo de preguntas y pocas veces somos capaces de responderlas, todo esto porque tememos cuestionarnos y nos molesta que otro nos juzgue.

DEL SUICIDIO A LA VIDA

En esos encuentros y desencantos por vivir hay algo que afecta tremendamente a las personas. Se trata del duelo. Entiendo que un duelo nos lleva a choques, preguntas, remordimientos y emociones, pero no deberían ser la razón para apagar nuestra vida. Existen diversos tipos de duelos pero considero que el de la muerte es uno de los más tormentosos, si bien los recuerdos parecen atarnos a ese ser, los días pasan y tratamos de resolver dilemas de la vida, pues no aceptamos la muerte y cuando esto sucede la angustia roba nuestra felicidad.

Al respecto, me pregunto, cuál puede ser la causa de no aceptar la muerte. En tanto creemos que los seres queridos nos pertenecen, asumimos que no hemos sido lo suficientemente cariñosos, tenemos a nuestro lado a las personas y pensamos que ellos saben cuánto los amamos. He dicho que hemos sido irrespetuosos con ellos y aplazamos conversaciones, diálogos y caricias. El tiempo corre y es escaso para compartir, entonces ocurre lo inevitable de una partida y viene el proceso de adaptación emocional y con él un obstáculo, el desborde de los recuerdos de aquello que se aplazó o se dejó de vivir. Es así como nos encontramos con seres humanos que vuelven tormentosos esos momentos y lo asumen con la culpa.

Comprendo que añoramos saber qué hay después de la vida para buscar la tranquilidad en la muerte. En este sentido, liberarnos de los apegos nos permite mirar desde el alma y espíritu; una vida nueva con la interpretación del mensaje que deja cada persona que se va para siempre. Insisto: quien muere no desearía por ninguna circunstancia que quienes quedamos en el mundo llevemos tristeza para siempre en el corazón.

Recordé con tristeza a un amigo que se lanzó al vacío desde un puente. Yo decía: "¿cómo sería su desespero y angustia?". Claro que sí, momentos trágicos vividos antes de la decisión generan angustia y ésta se convierte en depresión, camino que lleva a no encontrar el sentido de la vida. Esta decisión no tiene siempre por causa una enfermedad, se trata de un agotamiento espiritual, lo cual deviene en la agresión y materialización del acto.

Es importante hacer una reflexión para tratar de analizar desde el punto de vista de un padre, una madre, esposa o esposo, al ver a su hijo inmerso en un dramático cambio social. Muchas preguntas surgen y en ocasiones se desvirtúa la tolerancia y más es el asombro al ver a un hijo o hija encerrada en su silencio, sin querer el diálogo, ensimismado en su propio mundo. Todos quisiéramos saber cómo comportarnos frente a ellos y extrañamos por qué ha transcurrido tan rápido el tiempo entre la niñez y la edad que se vive. Estoy convencido que la infancia es un estado espiritual óptimo para la felicidad y el amor, por lo cual debe ser el reflejo para el reconocimiento del joven que se pregunta y cuestiona su vida preso del silencio y el desespero.

No se debe romper el diálogo, pese al comportamiento de esa persona con subjetividad extraña, tampoco reducir la afectividad, menos todavía permitir la manipulación. Dije un día que los seres humanos debemos respetar las decisiones de los demás, por lo que fui muy criticado, ahora pienso que tenemos que aceptar las decisiones.

No obstante, debemos tratar de entrar al corazón de la persona que se ha desencantado de la vida, ingresar a su mundo para que sienta compañía y haya permiso para tomarlo de la mano y mostrarle caminos con sentido vital. Recordemos que los choques originan violencia y la ternura se edifica como la sabia del amor para brindar seguridad. No es fácil conquistar el corazón de una persona que ha dejado de ser, menos cuando la angustia lo acobarda y el sistema acosa, pues el tiempo parece no perdonar.

En ese estado mental recuerdo que el hijo de un amigo quería llamar la atención de sus padres e ingirió un medicamento que encontró en algún lugar. Sólo alcanzó a vivir tres días más. Yo estaba seguro que ese no era su propósito, acaso se trataba de un susto, pero el destino le jugó una mala pasada.

ESPERANZA DE VIDA

Un día que renegaba en contra del bienestar, ese estado que había logrado con lucha, trabajo, sacrificio, olvidándome de mí y de las personas con las que compartía mi existir, traté de hacer lo siguiente: ¿qué sucedería si hoy muriera? Imaginé que era mi único deseo, cerré los ojos y supuse que mi vida había terminado, en ese momento me dije ¿cuál era mi afán por lograr cosas materiales? Pude darme cuenta que

DEL SUICIDIO A LA VIDA

tenía un concepto errado de bienestar; entendí que no necesitaría nada, que las cosas materiales son accesorios y no prioridades para vivir. Fue donde me di cuenta que había perdido el tiempo y esto me condujo a estados de intranquilidad.

Ahora que hablamos de la acción de juzgar, recuerdo que chocaba continuamente con la sociedad, pues pretendía que todos me dieran la razón para satisfacer mis apetencias egoístas y fue así como emprendí la retirada frente a la comunidad. Permanecía silencioso y me refugié en mis propios caprichos, carecía de la capacidad comunicativa para mantener un diálogo.

En mi pueblo, una región costera y amigable, todos mis amigos querían saber por qué la transformación de la alegría en silencio; incluso se decía que mi felicidad y expresión alegre ya habían muerto. Y esto era verdad, no había entusiasmo para continuar mi existir, todo por no aceptar y entregarme a vivir un duelo.

Yo fui uno de ellos, quise replicar la muerte, asumiendo que con ello todo quedaría en paz, supuse que ya no habría recuerdos ni tristezas y muriendo, la calma me regresaría al medio social. Esto fue al menos lo que asumí en el momento de choque con el duelo.

GUILLERMO ROJAS QUICENO

Quizá uno de los errores que cometí en ese momento fue cuando me encerré en mi mundo y no deseaba salir del cuarto, solo deseaba dormir y dormir o, al menos, tratar de hacerlo porque una crisis de estas no permite el descanso. Un día de aquellos que solo hay preguntas sobre la existencia humana y lo que viene después de la muerte, cerré los ojos y quise irme definitivamente tratando de mantener consciencia frente a aquello que sucedía. En medio de un gran silencio sepulcral me perdí por unos segundos y desperté en medio de más interrogantes.

Hoy, comprendo que lo que quería en ese momento era la interpretación para saber qué pasó con mi ser querido, el que partió sin regreso. Pensé que si lo entendiera un poco calmaría mi espíritu y la tranquilidad habría reinado entonces.

Pero yo permanecía en la desesperación debido a la pérdida de fe en los valores, sabía que todo estaba perdido, pero nunca reclamé con enojo ante el creador, me aparté un poco de la fe, cierto, mas me refugiaba en la serenidad que tiene la iglesia; oraba y meditaba, sentía una pobreza espiritual o un abandono. Sí, esa es la palabra, abandono del alma, acaso ya nada importaba.

No me interesaba absolutamente nada, ni algo que despertara curiosidad. Se trató de un reduccionismo que convirtió mi mundo en algo tan simple que no valía la pena vivir. En esos momentos tenía despierto el sentido del sufrimiento y no percibí que estaba malgastando la vida o tenía una muerte de sueños, vivía la carencia de sentido y propósitos. El vacío vital me llevó a considerar que se trataba de una existencia inútil.

Con el tiempo entendí que esa insistencia en despreciar la vida nos lleva a desconocer la diferencia entre utilidad y dignidad. Yo, un hombre trabajador, creador y productivo, quedé reducido a un simple objeto y mi dignidad flaqueó por el desconocimiento de valores.

Es probable que en medio de la confusión en que yo estaba inmerso, mi conducta se hubiese extraviado en la satisfacción de necesidades, pues en mi silencio, el deseo era el mismo de Garrik, aquel cómico cansado de vivir, enfermo de pensar y muerto de tedio de Juan de Dios Peza.

Cuando estaba ensimismado, mis dos hermanitos y mi madre intentaban socorrerme, pero mi mente estaba desfasada con mi cuerpo y no sabía lo que sucedía. Ellos luchaban por lograr mi atención, pero yo no tenía condiciones humanas, simbólicas y espirituales por la vida. Creo incluso que pude ser melancólico, obsesivo e impulsivo.

Fueron los tres elementos que no coincidieron en mi caso o, al menos, tuve miedo de encontrarlos y todo ello por el temor a fallar en el intento. El hecho de pensar que algo saldría mal me llevó al llanto y la desesperación.

En ese estado traté de hacer una reflexión: me preparé académicamente en el campo de la salud, logré formación en maestría, llevaba una vida exitosa, tenía un hogar con cuatro hijos, laboralmente excelente, espiritualmente alegre, nada me hacía falta, pero tenía la vida perdida. Fue cuando me dije: de nada sirvió el esfuerzo por el amor. Quizá, si no hubiese estudiado, mi interpretación de la vida sería más simple.

Respecto a la felicidad, en medio de esta pesadilla vivida, me pregunté si ¿será posible pensar en ella?

En estos momentos que he superado el desencanto de vivir reclamo a la escuela, el Estado y sociedad el derecho a demandar, a proporcionar los medios para entender que todo cuanto hagamos debe ser motivo para ser felices y valorar este bien supremo llamado "Vida". ¿Cómo darme cuenta de lo valiosa que es la vida y para qué venimos al mundo? Si me negara rotundamente a interpretar estas preguntas a través de la enfermedad o por medio del dolor, lo vivido no tendría el valor que ahora tiene.

Me parece importante haber superado la tragedia de mi vida, cuando pensé que no sería capaz. Si bien utilicé cuanta herramienta espiritual encontraba, me pareció que se trataba de una escena donde el río arrastra a un ser, lo lanza contra las rocas y luego lo sumerge en las profundidades, y entre el desasosiego ese ser saca la cabeza y respira, mas el agua lo sumerge de nuevo y así sucesivamente hasta arrojarlo a la orilla.

Ese desasosiego me llevó a hacer un cambio espiritual, aquél que da capacidad de trascendencia, lo que permite descubrir valores que inspiran la vida, aquello que da equilibrio emocional, que permite el perdonar, perdonarme y olvidar. Esas transformaciones consienten un nuevo sentido de la vida, abrir campos de experiencia y dar con la profundidad amorosa del corazón.

Interpretación

De los momentos de reflexión me llegué a preguntar: ¿se quita uno la vida por presiones? Pues siempre pensé que el ser humano las tiene: sociales, laborales, escolares y familiares. Este modelo económico nos hizo pensar que es grande quien tiene logros académicos; que se es importante si tenemos una situación económica definida; y es digno por ser obediente. Cada uno tiene su propio afán, por lo cual aceleramos nuestras vidas olvidando horizontes.

Estoy seguro que en todo esto la formación del carácter juega un papel importante, pero hay seres que se dejan llevar por la presión; sin embargo, pienso y he considerado que éstas no son la única causa del desencanto de la vida. Aunque sean momentos complejos que desvirtúan un poco el tiempo de placer, el desencanto es de fondo. Es ese anonimato y pérdida de subjetividad, del cual he hablado permanentemente en este escrito, en que el desespero, la zozobra, tristeza, angustia, depresión y soledad pueden ser simples activadores o fusibles que marcaron la decisión fatal. Quiero decir que vemos cada emoción como el problema, pero realmente éstas son visibles en el momento del acto. La causa del suceso se debe analizar de fondo, recordando que cada ser es diferente en su estructura subjetiva y puede ser invisible.

De otro lado, en el momento y espacio de querer quitarse la vida debe haber el elemento con el cual materializarlo. Yo diría que deben cruzarse o considerar tres aspectos: la intención, el impulso y el elemento determinador (armas, altura, lazo, tóxico, etc.).

Podríamos entonces preguntarnos, ¿para qué sirven todas estas herramientas y accesorios en una vida llevada sin propósitos? Debo hacer otra pregunta respecto a la posición del papá angustiado ¿forma la escuela para la vida y enseña a vivir mejor?

La vida debe de ser un conjunto de razones y emociones que despierten curiosidad y armonía, si es la exteriorización de las fuerzas da seguridad para una vida digna y en libertad. La vida no debe ser valorada en momentos de desesperación, como tampoco debería haber una justificación para desencantarnos de modo irremediable de ella, pues existen caminos que proporcionan felicidad.

Es necesario incluir entre los propósitos de la vida la aceptación, el cuidado, el descubrirse, olvidar, el arrepentimiento y la limpieza espiritual. La aceptación, como lo describí en páginas anteriores, para no persistir en vano, para no mantener en el deseo de querer cambiar lo que ya sucedió, aún si pudiéramos devolver el tiempo y asumimos el papel de salvadores.

Los recuerdos, la gran mayoría de las veces, los llevamos como una rebeldía infantil para negar los acontecimientos presentes, preferimos cargar durante años cualquier acontecimiento de nuestra vida, sin importar el daño que nos haga. Y me pregunto ¿el recuerdo puede devolver la vida de mi madre o hijo, o es la aceptación la que me lleva al camino del olvido? Es en este punto donde tenemos que evaluar el concepto de la aceptación, pues es una oportunidad para asumir y continuar el viaje que emprendimos pero libres de equipaje; al menos eso lo propongo en el libro "*El imperio del corazón*" (2015). En estas condiciones, recuerdo décadas pasadas cuando la acción de querernos parecía una tragedia, no era bien visto amarnos, como tampoco dedicarnos tiempo, pues esto era una forma de sentir que el tiempo se había perdido.

Ahora quiero hacer énfasis en el cuidado. Ese cuidado se refiere a hacer uso de las virtudes y cualidades para el provecho propio; es decir, usar toda la potencialidad y sabiduría para el cuidado del milagro más grande del mundo: nuestra propia existencia. Trato de interpretar esta acción como la oportunidad de alimentar el amor propio, para quererse y mimarse como un don, pues no se trata de buscar algún tiempo libre para hacer lo que se anhela o necesita, se trata de dar prioridad al cuidado de uno mismo.

Quisiera que en los momentos de bienestar y dificultades, pensáramos en la única realidad que tenemos: la muerte. Gracias a ella logramos una reflexión al saber que hemos dado prioridad a los demás, a lo material y las ambiciones confundidas con pasiones.

He concluido que nos conocemos tan poco que realmente no sabemos lo que queremos, y menos aún cuánto debemos respetarnos. Autores como Leonardo Boff (2006) hablan del cuidado como la escucha acogedora y calorosa para el otro. Pero he pensado que si no tenemos cuidado con nosotros mismos, jamás entenderemos la profundidad espiritual del sentido de este término.

Porque la vida debe tener un afianzamiento en elementos como la felicidad propia, el ser humano está llamado a reencontrarse y redescubrirse. Uso estos dos términos sabiendo que están mal empleados, pues ¿si no nos conocemos y no nos hemos encontrado cómo hablar de reencuentro?

Decía un hombre de noventa y nueve años de edad: "lo que más me duele al saber que llega la muerte es que suceda justo cuando me estoy conociendo". Es, sin duda, el último camino que recorremos, ése que nos permite una mirada al interior y a la profundidad del ser, si bien es lo que aplazamos a cada instante, pues tememos conocer la dimensión profunda de nuestro corazón.

El ejercicio de conocernos debería ser como el de las vocales: a medida que crecemos debemos dar pasos a nuestro interior, llegar al silencio más pulcro para escuchar esas voces que vienen desde allí. Quizá de esta forma aprendamos a conocer con qué elementos debemos continuar la vida y a diferenciar objetivamente lo bueno de lo malo para nuestras vidas; aquello que quiero de lo que verdaderamente necesito; a restringirme de los malos hábitos y entonces saber llevar recuerdos y abandonar rencores; saber deshacerme de los odios y envidias y aprender a escoger compañías y amistades; visualizar bajo la sabiduría qué merezco y librarme de ser un mendigo del amor.

Decía cierto día que el ser humano debe aprender a pensar al revés, pensar también como piensan los demás. De allí, que olvidar sea una herramienta apropiada en el camino a la felicidad. Debemos tener técnicas para llevar aquellas cosas que no son importantes al cementerio del inconsciente o al rincón de nuestros pensamientos; así podemos evitar el rencor, renunciar a las "culpas", perdonar una ofensa pero, ante todo, perdonarse de verdad y despojarse de remordimientos y rencores.

Recuerdo cuando escuchamos decir que "se olvida con el tiempo". Yo insisto: se olvida para no permanecer en el pasado, aquel que nos desestabiliza y nos distrae de la realidad. Olvidar es cerrar adecuadamente lo negativo de cada día para evitar ser obsesivo.

Podría parecer curioso lo que les voy a decir, pero a veces debemos tomar de las cosas difíciles lo más importante que ellas nos dejan. Fue así como un día me encontré con un compañero de estudio, quien perdió la memoria debido a un accidente en una moto, lo saludé y traté de explicarle quién era yo. Después de cinco minutos de conversación partí con mucha tristeza. Con los años he pensado en ese amigo, pues me encuentro cada día con gente deprimida y enferma, porque cada instante recuerdan momentos desagradables convertidos en odios, rencores y envidias, sufren por recordar demasiado el pasado.

Seguramente ustedes pensarán lo mismo que quiero expresar: ¿la pérdida de la memoria será el remedio para muchos? Seguramente, pero cuando los recuerdos son permanentes prefiero sugerir un juego: se trata de la teoría de la interferencia de Freud, consistente en cruzar unos recuerdos con otros. Es decir, cuando se percaten de que viene un recuerdo que dobrega y entristece, traigan a la mente un recuerdo maravilloso de la vida o una acción por hacer el mismo día, además piensen en el ser que aman, en la familia o en un juego divertido, así lograrán tener representaciones agradables para lograr de forma permanente la felicidad y derrotar ese mal recuerdo y la tristeza.

Reponernos de estados emocionales que llevan a la pérdida del deseo por vivir tiene sentido en la medida que queramos generar cambios interiores significativos.

Esa fuerza para lograr cambios es la espiritualidad. Se llega a ella descubriendo la profundidad de lo humano como son el amor, la compasión, la paciencia, la tolerancia, el respeto, la capacidad de perdonar, la responsabilidad, la armonía y la felicidad. Recordemos que esa espiritualidad es una práctica ética para transformar, perfeccionar y armonizar el estado general del corazón y la mente. Es decir, una red de transformaciones. Es así como se construyen diálogos amorosos que permiten descubrir y conocer, tal cual, la filigrana del amor.

En cuanto al desencanto por vivir, nos lleva a la reflexión, la experiencia difícil nos pone frente a lo sensible para entender que son estados de la misma vida. El ser humano tiene capacidad para pensar la felicidad y abrir un camino de agrado; así las cosas, lo espiritual es el momento de nuestra consciencia que nos abre esa percepción, el entendimiento y la comprensión, para pasar a ser contemplación, escucha, amor.

El ser humano sigue explorando permanentemente estilos de vida en busca de la felicidad, pero encuentra distractores que roban su atención con tal facilidad, que podríamos llegar a pensar en la debilidad del mismo como una vulnerabilidad. Estos estados están continuamente sujetos a las emociones y nos negamos a comprender que la vida está conformada por experiencias buenas y malas.

Mas hay algo importante que las personas deben saber y es que las experiencias vividas son parte de la vida y sus acciones llegan a ser pasajeras. En el momento que marquemos nuestras vidas con algún acontecimiento, positivo o negativo, construiremos nuestro mundo emocional basado en uno de dos aspectos: la felicidad de lo vivido o la impotencia de lo desacertado.

Es cierto, nos encontramos constantemente con acontecimientos desagradables en la vida, momentos cuando debemos buscar la manera de verlos como simples pasajes necesarios para vivir y para el crecimiento personal.

De otro lado, nos encontraremos con personas que a simple vista creemos que nos han o nos hacen daño; esas personas deben llegar a nuestra vida a traer un mensaje y es a ellos a quienes deberíamos llamar maestros, pues traen un aprendizaje que transforma nuestra forma de pensar.

En cuanto a la capacidad de resistir estimo que no son los seres que están a nuestro lado quienes nos hacen daño, somos nosotros quienes permitimos que nos hagan algún "mal". Me permito escribir mal entre comillas, porque la mayoría de las veces no es un mal que nos hacen, si bien nos despiertan ante un estado de distracción y acomodamiento, pero cometemos una imprudencia conceptual y de vida, cuando continuamos el resto de la existencia dándonos golpes de pecho y preguntándonos, ¿por qué razón tenía que llegar ese ser a nuestras vidas?

Existe otra acción que desvirtúa nuestra búsqueda de la felicidad, se trata de la negación de olvidar. Nos suceden cosas y queremos, como ese martillo, golpear y golpear. Nadie, absolutamente nadie nace aprendido. Si todos vinimos en diferentes circunstancias a la vida tenemos que asumirla con actitud positiva para explorar y encontrar el amor por uno mismo y por la existencia.

Da gusto encontrar en este camino a quién hace bromas de sus dificultades, pero no hay momento más desagradable que encontrarnos esas fábricas de recuerdos, esos seres tristes y deprimidos, aquellos que día a día reniegan de la vida, esas personas que hacen de sus casas y sitios de trabajo la producción de malas energías.

GUILLERMO ROJAS QUICENO

El ser humano logra ser feliz y sentir amor en el momento que opta por reconocer sus actos; también cuando descubre sus virtudes y cualidades, o cuando aprende a perdonar y olvidar. Una vez logra la sensibilidad ese ser llega a la humanización habiendo recorrido un camino de satisfacción y agrado.

No puedo pasar por alto un concepto del médico Jorge Enrique Rojas Quiceno, cuando dice que "el mayor número de pacientes con dolencias físicas tienen amarrada su vida a los recuerdos o acontecimientos del pasado y, sin duda, nos estamos poniendo en brazos de la tristeza". Estoy seguro que ningún medicamento podrá devolver la alegría al ser que llega a la enfermedad. La consciencia del estado de salud debe partir de cada uno con base en la estabilización y el manejo de las emociones.

El ser humano quiere marcar cada dificultad de la vida como algo imborrable, quiere mantener el recuerdo de lo indeseado para atormentarse, llegado a estados de desestabilización que los asume con orgullo, lo comenta como quien ha ganado un premio y cuando enferma lo dice con fuerza: es que yo sufro una enfermedad. Todo esto parece paradójico, pero la condición humana se deshace con mayor facilidad de los recuerdos alegres que de las tragedias.

Asimismo, el amor parece no hacer parte de nuestra existencia, en tanto nuestra felicidad pasa a ser secundaria, el ego busca un premio llamado muerte, porque para él es mejor morir que ser humillado. Eso nos hace menos inteligentes, pues nos muestra como inútiles, la humildad se ve como una herramienta de tontos y el ser humano cree absolutamente en las manifestaciones de ese terrorífico ego.

En este caminar es necesario realizar rupturas, mudanzas y cambios permanentemente, valorando ese bien llamado vida, nuestras vidas. Sumando respeto, alegría, emoción y así cambiar hábitos y alejarnos de aquellos seres que creemos nos hacen bien, cuando obran mal.

La responsabilidad de la felicidad está en aquella persona que se observa al espejo cada día, pues cada cual es el único ser que responde por su propia felicidad. No podemos entregar nuestros estados emocionales a los demás, debemos actuar con consciencia de nuestros propios actos, para así lograr la felicidad que de forma simple encontramos en la vida. Tampoco la alegría de vivir debe estar sujeta a las cosas materiales, pues éstas dan placer y no felicidad.

El padre de familia involucrado en la experiencia de esta vida narrada, concluyó su historia con lágrimas en los ojos, incontenible emocionalmente, pero seguro de amar la Vida. Lo digo ahora y siempre: la espiritualidad es, en definitiva, la capacidad de diálogo con uno mismo y con el propio corazón que se ve traducida en amor, compasión, sensibilidad y escucha. Esta vivencia fue un largo proceso de vida oscilante entre la tragedia y el amor, con la voz y la experiencia de aquel amigo transeúnte que contribuyó al desencanto y el encanto por vivir después de dos años de un largo caminar por los oscuros y angustiados laberintos del suicidio.

LA VIDA A PARTIR DEL SUICIDIO

Una vez lograda esta narración, en la perspectiva de un padre cuyo hijo se suicidó, además de evitar en su desarrollo el término

DEL SUICIDIO A LA VIDA

"suicidio", no puedo dejar de referirme a los temores y desencantos por la vida.

Afrontar un suicidio, ver a un ser humano angustiado o tranquilo de manifestar que no existen razones para vivir y que la vida tiene o está cargada de desencantos, sin lugar a dudas, nos despierta miradas reflexivas. En ningún momento pretenderé juzgar el acto, la acción o el deseo de no vivir. Me inquieta profundamente que sean actos repetitivos; significa que cuando ocurre un suicidio quienes están cerca a ese ser quisieran -en medio de las emociones- replicar el suceso, pues el dolor es tan intenso que pasa a ser algo insoportable. Es en este momento donde de manera sutil insisto: se debe respetar la decisión, aceptar y buscar en medio del duelo un desapego, el perdón y el olvido del acto.

He considerado que el actor que decide voluntariamente dejar de vivir, no es ni valiente ni cobarde, tampoco se trata de una persona que odie la vida, simplemente sufre una pérdida de subjetividad o de sus estados sensoriales, afectivos y realidades que coinciden con tres variables, discutibles por cierto, pero que he pensado son asociadas en ese eterno segundo, ellas son: emociones; acto detonante; y elemento para materializar el suicidio.

Cabría otra pregunta: ¿qué papel juega la razón? ¿cómo la emoción va a superar la razón? Parece increíble concebir este tipo de actos en nuestras vidas, pero infortunadamente es lo que sucede, en una acción emocional el ser deja de lado las razones. Comprendo que no es lógico pero la descoordinación del corazón con la razón se evidencia en los actos de desamor, desencanto, enojo y cuando nos descomponemos al actuar.

Viene entonces una pregunta que sin duda nos lleva a la confusión: si vinimos supuestamente al mundo a ser felices ¿por qué aceptamos bajo la razón esa supuesta desarmonía? Porque nos cuesta trabajo balancear nuestros actos bajo la perspectiva de la razón y dejamos confundir emoción y razón. Cuando las personas entran en el camino de la reflexión, la meditación, el ayuno, a la vez que regulan sus emociones actúan moderadamente y asumen vivir una vida acorde con estándares de felicidad.

Quiero decir con esto que la felicidad es una virtud que la logra quien la sueña, añora y desea. Comprendo que la razón es vista como el conocimiento, por lo tanto, es consciente pues se basa en conceptos, aunque la conducta humana es tanto consciente e inconsciente y esto puede llevarnos a la parcialidad en el momento de actuar. He pensado que en algún momento estamos actuando bajo normas y cuando no lo hacemos hablamos de irracionalidad. Pero hay algo que debemos analizar y es que el conocimiento se interpreta como una manera de entender el mundo.

Viene entonces una apreciación de Darío Botero (2006) cuando dice que el intelecto es lúdico, razona, conoce, propone, pero la voluntad que, carece de conocimiento, decide. Esa voluntad de la que hablamos, la de ese papá desesperado, es el punto álgido en el momento de tomar una decisión respecto a quitarse la vida. Es esta acción la que no merece ni debe ser objeto de crítica, pues vivir la vida con agrado y felicidad requiere de un talento basado en una actitud fortalecida con un carácter estructurado, sensible y humano. El ser humano no debe olvidar su objetivo y los problemas que enfrenta bajo la emoción y la razón, pues éstos deben ser algo que siempre es posible superar. Miremos entonces esos dos actores que mencionamos anteriormente. Veamos.

Quien se quita la vida. Siempre creí que el suicidio era ese choque emocional donde no tomamos tiempo para reflexionar, lo vi como ese acto sujeto a un suceso que no lográbamos superar, pero que tampoco nos daba tiempo para medir las consecuencias. Es decir, ese ser que en un desespero, por no poder cambiar las cosas que le suceden, y por dar prioridad aquello difícil que le ocurría, prefería quitarse la vida. Lo comparo con aquella frase: "no puedo más" u otra muy mencionada "estoy como una olla pitadora, quiero estallar". Todo esto me llevó a preguntar por qué la gente no es capaz de aceptar, olvidar, realizar cambios permanentes, dar prioridad y foco a las cosas buenas de la vida.

Esto quiere decir que si actuamos ligeramente en el momento del desespero, lo vemos como un choque emocional pero, ¿qué pasa si el suicidio se planea durante un mes?, ¿actúa la emoción? Pienso que la emoción no deja de actuar, los motivos para este acto no dejan de ser emocionales y su manifestación es la sumatoria de recuerdos con el tiempo. Considero oportuno traer dos ejemplos para tratar de entender un poco el tema emocional en la materialización del suicidio.

Cierto día me contaban esta historia: una mamá tenía amistad muy buena con uno de sus hijos, se trataba de un hijo extraordinario con virtudes y cualidades, pero por cosas del destino un amor llevó al joven por el consumo de la droga. En un acto desesperado la madre quiso lanzarse del balcón de su edificio. Ese acontecimiento del hijo fue para ella el acto detonante, el momento donde uno se da por vencido, donde considera que se es incapaz de superar la situación difícil; en otras palabras se cerró al mundo. ¿Se trata de un acto emocional? Claro que sí, yo diría que es el momento de pánico, miedo, tristeza, zozobra, angustia. Cuando ella se lanza al vacío, es lo que denomino *pérdida total del estado sensorial y afectivo*. Se trata el suicidio de un acto no planeado, motivado por una serie de insucesos de la vida y demarcado por uno, el de su hijo. Y cuando ella pierde la vida, todos podríamos creer que solucionó su problema, pero recordemos que ese no era el problema, éste continúa en un actor llamado hijo.

Es aquí donde verdaderamente inicia el problema. El ser humano aunque racional, objetivo y subjetivo, no hace uso de sus capacidades racionales, mira bajo una perspectiva emocional el problema, pero no profundiza el mismo para, de manera tranquila, actuar frente a éste.

Antes de un suicidio el ser humano debe ser reflexivo con preguntas como ¿para qué me sucede?, ¿cómo actuar?, ¿puedo hacer algo? He considerado que si esta madre que, materializó el acto, hubiese podido reflexionar ese segundo, o después del suicidio, seguramente se preguntaría ¿por qué lo hice?, pude ayudarle, él necesitaba mi apoyo, es un camino que escogió y pude mostrarle otro. En fin, la calma pudo ser el momento de acercarse espiritualmente a Dios para hacer un acompañamiento.

Debo decirles que lo mismo pienso respecto al momento de una separación o ruptura. Miramos el problema y lo dimensionamos diciendo: he perdido diez años de mi vida, nunca le perdonaré, me cambió, algún día reconocerá que yo era mejor, él o ella fue quien se lo perdió. Quiero decir con esto que acomodamos todo a los antojos y caprichos de nosotros pensando que somos mejores; si me traiciona nos volvemos mártires, pero ¿cuáles fueron las causas verdaderas?, ¿nos preguntamos realmente esto? No, y lo peor de todo es que olvidamos que de esos diez años se vivieron tiempos extraordinarios y, por un solo acto, queremos dejar de vivir. Aceptar el ¿por qué no?, es importante, pues creo que hemos puesto a depender nuestra felicidad, de los demás y allí viene ese gran vacío de la vida. Negarnos a aceptar todo lo que sucede, lo cual provoca que sigamos pensando (viviendo) en el pasado.

Ahora pondré otro ejemplo para tratar de dar un poco de valor y sentido a la razón. Se trababa de un hombre cuyo plan era materializar el suicidio dos meses después. Él condujo su vida esos dos meses sin sospechas, quiere decir que en ningún momento cambió sus hábitos. Hago hincapié en esto, dado que por lo general quien desea suicidarse deja ver comportamientos extraños en su estilo de vida como aislarse, deprimirse, callar, encerrarse, individualidad, negarse gustos, llorar y una vida de tristeza.

En esa perspectiva, se notaba que era un ser que actuaba normal, en términos espirituales un ser "feliz". Llegados los dos meses recibimos la noticia de lo sucedido, ese hombre se suicidó. ¿Cómo supimos que se trataba de dos meses? Los escritos que dejó, relataron cada día, se convirtieron en un diario que revelaba cada acontecimiento; no se interpreta tristeza, tampoco tedio, ni cansancio por vivir, simplemente manifestaba que era el momento de partir de este mundo.

Ustedes se preguntarán: ¿se trató de un desequilibrio de la razón y seguido en la emoción? Podríamos pensar que fue esto lo que sucedió, pero estamos hablando de dos meses de un ser aparentemente tranquilo y calculador. Me preguntaba si de pronto factores externos pudieron incidir en la decisión, pero planear dos eternos meses un suicidio donde todas las acciones fueron perfectas para materializarlo, dificulta la interpretación. Me queda por último analizar un problema en la estructura psíquica o algo del alma, del espíritu o la mente. Por ello me he preguntado ¿este hombre ha programado su existir en el tiempo? Sé que parece aterrador que una persona tenga claro el cómo, el cuándo, el día y la hora como plan para quitarse la vida y más cuando se percibe una tranquilidad en sus emociones y entonces nos quedan preguntas por resolver como: ¿fue una acción llevada por la razón?

Cierto día le dije a una persona: cuando alguien se quita la vida, aun dejando escritos, tengo inmensas dificultades en interpretar el por qué. Cabe destacar que los detonantes emocionales para una persona quitarse la vida, han sido unos distractores tan fuertes que parecieren opacar el verdadero motivo de un suicidio, quiero decir que generan cierta necesidad de atención y nos persuaden del motivo real por el cual lo materializaron.

Veamos ahora el comportamiento de los seres que rodean a ese ser que decidió no vivir más. Debo decirles que es el principio del problema, es la desconfiguración de la tranquilidad y cada segundo es el momento para las preguntas y la ocasión del descontrol emocional. El sentimiento es tan doloroso en el proceso de desapego, de la aceptación, de asumir la realidad y afrontar el insuceso, que me he permitido llamarlo "el suicidio silencioso".

Definiré este término como la manera de llevar la vida sin el mínimo deseo de vivir, con elementos tan complejos como el no querer comer, dormir, hablar, con una profunda incapacidad de razonar y una actitud de autómata. En otras palabras, como la incapacidad de quitarse la vida, porque es mejor perderla bajo el dolor.

Ese suicidio silencioso consiste en asumir la culpa perdiendo toda emotividad por la vida, pues existe una pérdida de esperanza, confusión en la fe, destrucción de los sueños, auto-recriminación, impulsividad, melancolía, amargura, esta figura se asemeja a una vida en caos.

En cada esquina de las calles nos encontramos a seres con vacíos y crisis de vida, personas que se han negado la felicidad y han dejado de ser niños para asumir el papel de los grandes o mayores. Cada acto lo convierten en tragedia, dificultad, dolor, cada paso que dan lo ven como la oportunidad de juzgar o renegar y sorprende la manera tan sencilla como se postran ante el miedo. No me cabe duda que son seres que se han negado a ser libres o le temen a la libertad, don éste, propio de quien es capaz de soltarse de cada cosa, que puede liberarse y olvidar el pasado para asumir cada día con la alegría que amerita vivir bien.

DEL SUICIDIO A LA VIDA

El resultado del desencanto por la vida no debe ser el suicidio, como tampoco el suicidio silencioso; como toda crisis la respuesta debe ser la oportunidad para validar nuestra existencia y reconocer la fuerza que llevamos en nuestro corazón. He insistido en que encontramos seres que se enorgullecen del dolor y del sufrimiento y lo muestran al mundo creyendo que esto los hace interesantes. De otro lado, el aburrimiento justificado en lo que nos acontece, es un gran temor de la humanidad; sin embargo, no asumimos la creatividad y la curiosidad para deshacernos de él.

En la medida que asumen responsabilidades, las personas temen liberarse del sentimiento de culpa, aquel que reprime y nos hace esclavos para que reine la infelicidad en el corazón. Con respecto a este sentimiento sigo manifestando que es más complejo desaprender que aprender, y lo digo bajo la perspectiva de saber que tenemos conceptos erróneos de la vida y el vivir, y no permitimos o no jugamos a hacer mudanzas y liberarnos de esas creencias asumidas en un medio social.

GUILLERMO ROJAS QUICENO

Quizá hoy prima en el ser la vanidad, la indiferencia, el hastío, el orgullo, deseos de poder, placer y ansias de riqueza y preferimos ser desdichados. Hemos creído que habernos privado de alguna satisfacción en un tiempo de nuestra vida, es causa de hacer "tormentoso" el proceso vital que conduce a esa infelicidad mencionada. Parece tratarse de una sociedad inmunodeprimida, donde muchos buscan intoxicarse, renunciando con este acto a la fe y la esperanza.

¿Será que la vida es cruel al mostrarnos seres que creen que no hay nada por lo que valga la pena vivir? Insisto en esa frase de Erich Fromm (2006): "la felicidad está en la capacidad de amar".

Finalmente debemos preguntarnos: ¿cuáles son los factores que no nos dejan disfrutar de la existencia? Considero que la arrogancia de creernos mejores, el deseo de poder, los sueños de éxito, el querer mostrar nuestros logros, el resistir a la realidad, el negarnos a aceptar, la incapacidad de hacer mudanzas, el creer que la esposa o esposo es un objeto propio, el pensar que los hijos nos pertenecen, el apegarnos a personas o mascotas, el soñar que lo material es la verdadera felicidad, el permitir desestabilidad emocional, la codicia, angustia por lo que no se ha logrado, las preocupaciones por el futuro y la intensa inseguridad en lo que es capaz de hacer, porque nunca se preocupa por conocerse desde el interior y por consolidar una vida espiritual.

SALIENDO DE LA TORMENTA

No me cabe duda que las cosas de la vida a veces son difíciles o, ya bien, las convertimos en grandes tormentas. Es así como generamos en nuestra consciencia una distracción que distorsiona el sentido. Fue aquello lo que produje en mi existir: una carga de dolor que no podía soportar, era una emoción imposible de llevar pero de la cual solo tenía dos salidas: el suicidio o vivir. Comenzó, pues, el juego, se trataba de engañar la vida para tomar decisiones que en mi caso afortunadamente fue positiva.

Pero ¿cómo se engaña a la vida? Tratando de inventarnos motivos para vivir, esos sueños cargados de esperanza pero que -en mi caso- duraban un día; parecía vivir las mil y una noches, cada día inventando una nueva historia. Entonces encaminé mis senti-

mientos por la lectura, la misma que me llevaba cada día a la reflexión, a pensarme, a soñar despierto y tratar de resolver cuanto interrogante se presenta en el camino.

Comprendí que los miedos nos acechan y no nos permiten enfrentar las situaciones complejas o enfrentar el problema que ha provocado la frustración. Cada día me propuse pensar en aquello que había originado mi rechazo por la vida; es decir, en el suicidio de mi hijo. Esa actitud la tomé a partir del segundo año de sufrimiento, pues durante dos años me escondí creyendo haber encontrado la solución.

Mi rechazo por la vida fue la opción de aceptar y convertir en rutina mi acontecimiento, pues me permitió comprender que no podía seguir viviendo en el pasado. Llené de fotos de mi hijo los espacios que habitaba, poco a poco le perdí el miedo a enfrentar la situación vivida, así me di cuenta que cualquier cosa que hagan los hijos son decisiones que debemos respetar, pues es imposible sobrevivir por otras personas.

Enfrentar el sentimiento de culpa fue la tarea más trágica. El solo hecho de pensar: si yo hubiera actuado; si hubiese estado; si hubiese hecho; faltó amor; hubo ausencia de afecto; pude ser mejor amigo; faltaron consejos; por qué no hable con los amigos de él... Preguntas sin respuestas que hacen sentir que uno estuvo ausente, pero una cosa es estar y otra es querer sobreproteger, vivir por los hijos, vigilarlos día y noche, no permitirles que sean ellos en su actuar o, mejor, hurtarles la personalidad. En medio de la calma pude entender que, a pesar de ser mi hijo, no me pertenece; ellos vienen con planes propios y deben volar, actuar con voluntad y carácter.

Algo que me atormentó poderosamente, fue pensar cada día en el poco tiempo dedicado al ser que ya no estaba. Esos remordimientos que sacamos de no sé dónde cuando un ser nos falta, aquellos que nos llevan a la tristeza, angustia, depresión, creemos que faltó mucho, que pudimos dar más.

De este proceso fue dificultoso salir. Se trató de una cadena que amarraba sin compasión, aquella que involuntariamente no quise soltar. Fue allí donde acepté que uno da de lo que tiene en el corazón y el tiempo muchas veces nos enfrenta con los sentimientos, pero también es imposible regresar al pasado, ya que no hay nada por hacer frente al ser que ya no es terrenal.

En ese momento tomé el acontecimiento como aprendizaje, busqué compartir con las personas que amamos, me torné sensible, asumí la expresión de las emociones como parte de la vida y en un hombre amoroso sin prejuicios.

Hoy podría decir que de aquel suicidio hay mensajes por interpretar. Se trata de vivir plenamen-

te, ser más humano, liberar el sentimiento de amor como máxima expresión del querer vivir, generar una revolución de la esperanza y conocer nuestras virtudes para estabilizar nuestras energías.

Me di cuenta que vivir con sufrimiento no es lo ideal o natural, ya que cada día se convierte en una nueva dificultad. En una vida donde no sabemos qué va a pasar -excepto la seguridad de la muerte- deberíamos reír más y sufrir menos pero, ante todo, buscar muchos caminos que conduzcan al amor y la felicidad.

El tiempo pasaba y yo quería descubrir los mensajes del suicidio. Un día pensé sobre la paciencia, pues para resistir dos años sin quitarme la vida tenía que tener ese don. Me di cuenta que engañando la vida podía descubrir esa luz que lleva a la aceptación y al amor por la vida propia, de allí que descubrir la paciencia en mí fue lo que evitó una decisión apresurada.

Rodearse del amor familiar, recordando aquellas expresiones de las comunidades afroamericanas de la década de los sesenta en los Estados Unidos: "nosotros somos felices porque tenemos familia". Fue eso lo que viví y sentí, un acompañamiento familiar convertido en amistad verdadera, fue como regresar a la felicidad real.

DEL SUICIDIO A LA VIDA

Aislarse, alejarse y buscar estar solo, posibilita a la mente pensar cada segundo en lo sucedido y convertir todo en recuerdos y dificultades y es aquí donde el soporte familiar y de amistad se interpone a los recuerdos o nos sacan de esos estados mentales que conducen a la autoflagelación.

Ese estado emocional me condicionó la primera semana a ver el suicidio como única salida. Cada día escuchaba una voz que me daba valor para buscar la muerte. Viene con ello la debilidad física y, por ende, la emocional. Pensaría que la alimentación es fundamental para evitar las tragedias, por ninguna razón debemos provocar el debilitamiento pues éste es el momento donde queremos dar todo por terminado.

Una persona en ese estado emocional tiene un gran riesgo; es la existencia de elementos que faciliten la materialización del suicidio (las armas, por ejemplo). La experiencia me ha llevado a comprender que esos segundos donde uno se puede quitar la vida con un arma a su alcance, hace que el tener que buscarla, pierda el interés por quitarse la vida.

Hay un factor y un mensaje importante después de un insuceso, se trata de conocerse a sí mismo. ¿A qué me refiero con este término? En la medida que se afronta la adversidad, vemos que somos capaces de hacer y dar, no cabe duda que puede existir la depresión, pero poco a poco logramos controlarla, vienen preguntas, rechazos, disgustos, odios, iras y miedos, pero llega con el tiempo y el desgaste y la reflexión, es el momento de arrodillarse y aceptar, viene la humildad de devolvernos en el tiempo, todo esto es lo que llamamos sensibilidad.

No puedo desconocer que en los dos años de tristeza por la muerte de mi hijo hubo una lucha interior de poderes (cuales poderes): el querer cambiar las cosas; deseos de regresar en el tiempo; creer lo que pasó; la culpabilidad; la responsabilidad; el sentido de pesar; los vacíos afectivos y el orgullo al pensar que esto no me podía suceder a mí. Fue así que me procuré respuestas ante cada tormentosa pregunta, pero al final pude ver que faltaba lo más importante, algo que necesitaba en mi corazón para liberarme y reusar al suicidio: se trataba del perdón.

Ustedes se preguntarán: ¿necesitaba ser perdonado? Quizá no, pero sí requería perdonarme para vaciar mi corazón y mente de suposiciones, de la inculpabilidad y del dolor. Es esto la consciencia del amor, para amarme.

Existe un concepto frente a "el amarme". Anteriormente, decíamos que debíamos amar y ayudar a los demás, servir, colaborar y dar al necesitado. En este pasaje de mi vida desvirtué desde mis sentimientos este paradigma. Es necesario amarme para amar, ayudarme para ayudar, servirme para servir, colabo-

rarme para colaborar, el don de merecer para ayudar a los demás. Aprendí que un corazón vacío no tiene nada para dar.

Comprendí que los recuerdos son lazos sueltos en nuestras vidas que nos atan a las dificultades, volvemos una fijación aquellos insucesos y pasamos el tiempo en lamentaciones y buscando compasión. Ésta al tiempo nos conduce al abandono, pérdida de dominio o desamparo hacia uno mismo, un ser sin interés por lo propio y lo espiritual que en poco tiempo está convertido o aparentando ser un mendigo, descuidado en su vestir y en su aspecto personal. Esto sucede pero no lo percibimos porque ya no somos prioridad.

Las relaciones personales también se deterioran: dudamos, dejamos de confiar, chocamos con la gente y dejamos a nuestros amigos de un lado y la vida se convierte en desconfianza.

En el proceso de recuperación personal me fijé en mí, luché por enamorarme de la vida, acerté en aceptar ayuda que con el tiempo me enseñó a saber mirar atrás, para comprender la felicidad, se trataba de una maestra que orientaba mi caminar y me propuso hacerlo con los ojos cerrados para ver mejor y lograr romper paradigmas que distorsionaban mi existir.

Ese proceso me llevó a alejarme de los apegos, odios, envidias y rencores para ver la vida de forma simple. Aprendí de los niños que el amor sana, limpia, perdona, enamora y libera, que un ser puro no requiere de distractores de la vida para su felicidad, pero ante todo que la vida tiene sentido cuando la valoramos, apreciamos y respetamos.

Así terminaba el papá su historia. La historia del suicidio de un hijo que impulsaba al suicidio del padre y como éste fue capaz de revertir lo inevitable hasta convertirlo en un canto a la Vida, para yo, como autor, poder contarlo.

DEL SUICIDIO A LA VIDA

BIBLIOGRAFÍA

Arendt, H. (1969). *La Condición Humana*. España: Paidos.

Boff, L. (2002). *Crise, oportunidade de crescimento*. Brasil: Verus editora.

Boff, L. (2006). *Florecer en el Yermo*. Brasil: Editorial Sal Terrae.

Botero, D. (2002). *Vitalismo Cósmico*. Colombia: Siglo del Hombre.

Durkheim, E. (1951). *Suicide a study in sociology*. USA: The free press.

Florián, V. (2008). *Diccionario de Filosofía*.

Frankl, V. (2005). *Psicoanálisis y Existencialismo*. Barcelona: Fondo de Cultura Económica.

Freud, S. (1971). *Introducción al Psicoanálisis*. Madrid: Alianza.

Freud, s. (1993). *Obras completas Freud*. Argentina: Hyspamerica.

Fromm, E. (1977). *Ética y psicoanálisis*. Barcelona: Fondo de Cultura Económica.

Fromm, E. (1988). *El amor a la vida*. Colombia: Printer Colombiana.

Fromm, E. (2006). *El Miedo a la Libertad*. Madrid: Paidos.

Maturana, H. (1998). *La objetividad. Un argumento para obligar*. Colombia: Tercer Mundo S.A.

Maturana, H. (2002). *Formación humana y capacitación*. Chile: Unicef-Chile/ Dolmen ediciones.

Rojas Quiceno, G. (2011). *La vida y sus encrucijadas*. España/ Colom-bia: Instituto Internacional del Saber.

Rojas Quiceno, G. (2012). *Rehenes del miedo*. España/Colombia: Instituto Internacional del Saber.

Rojas Quiceno, G. (2014). *El Imperio del Corazón*. España/Colombia: Instituto Internacional del Saber.

Trigo, Eugenia. (2014). *Historias Motricias. Trasegando el sentido de vida*. España/Colombia: Instituto Internacional del Saber.

Trigo, Eugenia. (2013). *Literatura Infantil y Juvenil*. Universidad Técnica Particular de Loja.

GUILLERMO ROJAS QUICENO

EVALUACIONES DEL COMITÉ EDITORIAL

Del Suicidio a la vida es un viaje al corazón, donde el autor nos permite ver como se puede racionalizar la crisis para tomar decisiones más sabias. Cómo desde la experiencia de alguien que vivió el dolor y el desasosiego de la pérdida de un ser querido se llega a desarrollar el amor y la compasión que devuelven el sentido de la vida. Sin duda es un libro que conduce al lector a reconocerse, a evaluar sus miedos, sus luchas, sus desencantos y a recuperar la esperanza a través de la liberación del ego, las envidas, los rencores y el pasado.

Martha Viviana Zuluaga, PhD.

DEL SUICIDIO A LA VIDA

La escritura es un desalojo. De eso se trata este libro, que nos acerca íntimamente a las vivencias reflexionadas que se vuelven experiencia vivida.

El despliegue de los momentos trasegados durante dos años por un padre que ha tenido la dura vivencia del suicidio de su hijo, nos convoca a la revisión permanente de las acciones vitales por las que todos y todas caminamos.

Es un libro escrito con coraje, sin pretensiones intelectuales que deja, al menos para mí, dos propuestas vitales: una, el cuidado de sí, del que cada ser humano es totalmente responsable; y otra, el cultivo de la espiritualidad para animar el sentido de la vida y mantenerse en la esperanza.

Dra. Magnolia Aristizábal
Popayán, sep. 13 de 2016

GUILLERMO ROJAS QUICENO

En esta oportunidad el Dr. Guillermo Rojas Quiceno nos cuenta una historia de vida, de cómo un padre vive el suicidio de su hijo y todo lo que aquél sufre para poder superar su autoculpabilidad y, una vez superado, cómo encuentra el camino por y para la vida. Es un libro de gran ayuda para aquellos que están en una situación similar o alguien conocido. Él describe en su obra una reflexión sobre el desencanto por vivir, las dificultades, los momentos de dolor que son cadenas que sujetan a la persona llevándolo a un abismo sin regreso, pero el deseo de saber, comprender la vida lo induce a buscar alternativas para salir de ese estado de melancolía y opta por olvidar, perdonar, llenarse de amor, paz, alegría, felicidad, dándole un sentido de vida diferente al que traía.

Mgs. Harvey Montoya
Instituto Internacional del Saber

NOTA SOBRE EL AUTOR

Guillermo Rojas Quiceno. En el campo de la investigación, se dedica a la reflexión e interpretación en lo concerniente al comportamiento humano, los caminos al suicidio, los encantos y desencantos por la vida y los choques emocionales. Ha fundamentado su trabajo académico en propiciar medios, desde la reflexión y el ser-hacer, hacia la sensibilidad, la búsqueda de virtudes y cualidades del ser humano en su reconocimiento como persona integral. Propone la categoría de la Vida y el Buen Vivir para hacer mudanzas espirituales y comprender que el ser humano debe ser el eje fundamental de la existencia.

Es Ingeniero Electricista, especialista en Telecomunicaciones, especialista en Derecho de las Telecomunicaciones, especialista en Derecho Empresarial, Magister en Educación y Doctor en Ciencias de la Educación.

**Obras editadas por el
Instituto Internacional del Saber**

www.kon-traste.com
http://facebook.com/iisaber
e-mail: ii-saber6@gmail.com

COLECCIÓN LÉEME

Aristizábal, Magnolia & Trigo, Eugenia (2009). *La formación doctoral en América Latina… ¿más de los mismo?, ¿una cuestión pendiente?* Léeme-1. Primera edición. Colombia: iisaber. ISBN: 978-1-4092-9810-6. Segunda edición (2013) ISBN: 978-1-291-68361-1.

Sérgio, Trigo, Genú, Toro (2010). *Motricidad Humana: una mirada retrospectiva.* Léeme-2. Primera edición. Colombia: iisaber. ISBN: 978-1-4452-2249-3. Segunda edición 2014. ISBN: 978-1-291-88317-6.

Trigo, Eugenia & Montoya, Harvey (2010). *Motricidad Humana: política, teorías y vivencias.* Léeme-3. Primera edición. Co-lombia: iisaber. ISBN: 978-1-4452-7654-0. Segunda edición 2014. ISBN: 978-1-291-89383-0

Benjumea, Margarita (2010). *La Motricidad como dimensión humana – un enfoque transdisciplinar.* Léeme-4. Colombia: iisaber. ISBN: 978-1-4466-5641-9

Rojas Quiceno, Guillemo (2011). *La vida y sus encrucijadas – un camino para el Buen Vivir.*

Léeme-5. Colombia: iisaber. ISBN: 978-1-4475-1107-6

Montoya, Harvey & Trigo, Eugenia (2011). *Colombia Eco-Recreativa.* Léeme-6. Colombia/España: iisaber. ISBN: 978-1-4709-5418-5

Gil da Costa, Helena (2012). *Medo, Criatividade e Desenvolvemento Humano. Um proceso de investigação.* Léeme-7. España/Portugal: iisaber. ISBN: 978-1-291-46957-0

Trigo, Eugenia (2011). *Ciencia e investigación encarnada.* Léeme-8. España: iisaber. ISBN: 978-1-4709-8358-1

Rojas, Guillermo (2012). *Colombia: Política, encanto, amor y odio.* Léeme-9. España-Colombia: iisaber. ISBN: 978-1-291-61190-8

Rojas, Guillermo (2012). *Rehenes del miedo.* Léeme-10. España-Colombia: iisaber. ISBN: 978-1-291-22062-9

Trigo, Gil da Costa, Pazos (2013). *Procesos creativos en investigación cualitativa I.* Léeme-11. España-Colombia: iisaber. ISBN: 978-1-291-49142-5

Trigo, Bohórquez, Rojas (2013). *Procesos creativos en investigación cualitativa II.* Léeme-12. España-Colombia: iisaber. ISBN: 978-1-291-491168-5

Rojas, Guillermo (2013). *Índice de Felicidad y Buen Vivir.* Léeme-13. España-Colombia: iisaber. ISBN: 978-1-291-47865-5

Trigo, Eugenia (2014). *Historias motricias. Trasegando el sentido de vida.* Léeme-14.

España-Colombia: iisaber. ISBN: 978-958-9451-20-5

Pralong, Michel (2014). *Viaje al mundo del autismo*. Léeme-15. España-Colombia: iisaber. ISBN: 978-1-312-42386-2.

Aristizábal, Magnolia (2015). *¡A mi manera! Tengo la rebeldía de la sumisión...* Léeme-16. España-Colombia: iisaber. ISBN: 978-1-312-65835-6.

Montoya, H. & Trigo, E. (2015). *Motricidad humana. Aportes a la educación física, la recreación y el deporte*. Léeme-17. España-Colombia: iisaber. ISBN: 981-1-312-89253-8.

Trigo, Eugenia (coord.) (2005). *Pensar y transformar: un legado de Manuel Sérgio*. Léeme-18. España-Colombia: iisaber. ISBN: 978-1-312-88135-8.

COLECCIÓN IDEAS

Rojas Quiceno, Guillemo (2011). *La vida y sus encrucijadas – un camino para el Buen Vivir*. Ideas-1. Colombia: iisaber. ISBN: 978-1-4475-1107-6.

- (2012). *Rehenes del miedo*. Ideas-2. España-Colombia: iisaber. ISBN: 978-1-291-22062-9.

- (2014). *El imperio del corazón*. Ideas-3. España-Colombia: iisaber. ISBN: 978-1-312-66059-5.

Trigo, Eugenia (2016). *De la motricidad humana al paradigma Vida*. Ideas-4. España-Colombia: iisaber. ISBN: 978-1-329-92696-7.

Rojas Quiceno, Guillermo (2016). *Del Suicidio a la Vida*. Ideas-5. Colombia: iisaber. ISBN: 978-1-326-73550-0.